인플레이션 게임

인플레이션 게임

유동성과 부의 재편

이낙원 지음

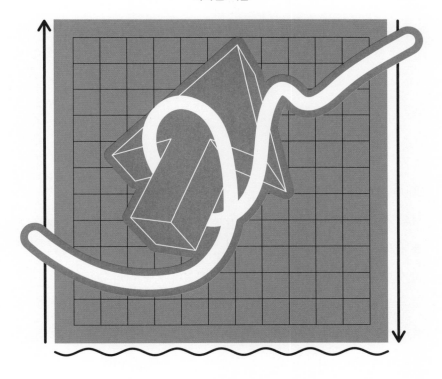

일에일북스

유동성의 파도를
이해하기 위한 첫걸음

2000년대 이후 세계 경제는 인류 역사상 경험해보지 못한 유동성의 시기였다. 미국은 2008년 글로벌 금융위기부터 코로나19 팬데믹까지 약 13년의 짧은 기간 동안 건국 이래 미국 경제에 풀려 있던 통화의 약 3배를 시중에 유통시켰다. 우리나라도 마찬가지였다. 광복 이후 풀린 유동성의 2배 이상이 같은 기간 확대되었다. 특히 2019년 말 전 세계를 덮친 코로나19 팬데믹은 파급력을 가늠할 수 없는 새로운 유형의 공포를 만들어냈고, 이에 각국이 취한 조치는 그 어느 때보다 빠르고 강력했다. 급속도로 위축된 소비심리와 언제 잡힐지 모르는 바이러스의 불확실성 속에서 기약 없이 풀린 유동성은 기업의 R&D와 설비 투자, 고용 확대로 이어지지 않고 주로 부동산, 주식, 암호화폐 시장으로 유입되었다. 그 결과 전에 없던 자산 인플레이션을 유발했다.

특히 주거용 부동산 시장은 일상의 삶과 직결되어 있기에 더욱 체감이 컸다. 정부의 부동산 정책 실패에 역대급 유동성이 더해지자 결국 주택 가격은 폭등하기 시작했다. 수도권 아파트 가격은 4년 6개월 만에 평균 4억 원대에서 7억 원대로, 서울 아파트 가격은 평균 6억 원대에서 11억 원대로 약 2배 상승했다. 주식과 암호화폐도 마찬가지였다. 2020년 이전 2천 포인트 선에서 움직이던 코스피지수는 1년 6개월 만에 3천 포인트를 훌쩍 넘었고, 비트코인은 10배 이상 급등했다.

그렇게 유동성은 5년 만에 사회를 자산을 '가진 사람'과 '가지지 못한 사람'으로 나눠버렸다. 유동성으로 인한 자산 가격의 상승이 부의 양극화, 사회 양극화를 만들어버린 것이다. 그렇다면 이런 기회를 놓친 사람은 과연 패배자인 걸까? 그렇지 않다. 부동산을 사지 않은 책임이 오롯이 자신에게 있다는 말은 너무 매정하다. '그때 그 주식을 샀다면 많이 벌었을 텐데, 난 왜 그러지 못했나?' 하고 자책할 필요도 없다. 사회구성원 모두의 상황이 같을 수는 없다. 일부의 성공담은 일반화되기 쉽다. 그들의 성공이 오롯이 그들의 노력과 능력으로 일궈낸 것일까? 소수의 경우를 제외하고 본인의 노력과 능력보다 언제 어디서 태어났는지, 지금 어느 환경에 있는지가 더 큰 영향으로 작용한다. 대개 주택 구입의 필요성은 유동성이 풀릴 때보다 결혼을 준비할 때, 그리고 아이가 커서 학교를 진학하는 시점에 더 커진다. 그 시기가 2016년 집값 상승 초기일 수도 있고, 2021년처럼 아파트가 2배 이상 상승한 시점일 수도 있다. 몇 년 차이로 희비가 엇갈리지만 괴로워할 필요는 없다. 당신 탓이 아니기 때문이다.

환경도 그렇다. 누군가는 부모의 도움으로 대출을 더해 15억 원짜리 집을 수월하게 구입할 수도, 다른 누군가는 은퇴한 부모를 부양하느라 전세자금 마련도 벅찰 수 있다. 뜻이 있어 남들보다 공부를 더 오래 할 수도, 취업이 빨라 적절한 시기에 좀 더 일찍 투자에 눈을 떴을 수도 있다. 종사하는 직업군, 산업군에 따라 일의 강도와 노동시간이 다르니 경제를 들여다볼 여유나 기회가 있을 수도 있고, 없을 수도 있다. 속한 사회의 분위기도 그렇다. 전공과 직업의 종류에 따라 습득하는 정보의 종류가 다르고, 생활하는 삶의 터전과 거주하는 지역에 따라 또 다르다.

노동의 가치는 신성하고 고귀하다. 열심히 공부하고 준비하고 취업하는 것도 삶의 중요한 관문이고, 현재 자리에서 자신과 가족을 위해 열심히 일하는 것도 삶의 중요한 이유다. 그러니 유동성의 파도를 타지 못했다고 자책할 필요는 없다. 주변의 자랑과 비교를 견디기 어렵다면 이제부터 준비하면 된다. 다행히 역

인플레이션 게임

사는 반복되며 기회는 반드시 다시 오게 되어 있다.

이 책은 고착화된 저성장 국면에 도래한 글로벌 경제가 양적 완화라는 마약을 통해 어떻게 국부를 늘려가는지 설명하기 위해 쓰여졌다. 좀 더 구체적으로 이야기하자면, 2008년 글로벌 금융위기와 2019년 코로나 팬데믹 때처럼 위기 때마다 기술 혁신이 아닌 유동성으로 자산가치의 상승을 통해 경제 성장을 유도하는 극약처방에 대해 설명하는 책이다. 비정상적이지만 슬프게도 앞으로 상당 기간 이런 처방이 반복될 것으로 보인다. 통화 팽창과 인플레이션 속에서 한정적인 실물자산을 보유한 사람과 그렇지 못한 사람의 부의 양극화가 계속된다는 뜻이다.

우리는 유동성의 종류와 경제에 미치는 파급력에 대해 정확히 이해하고 스스로 대처 가능한 범위 내에서 또다시 다가올 유동성의 파도를 맞이해야 한다. 모두의 상황이 다르다 하더라도 때로는 과감히 용기를 내어 게임에 참여할 필요가 있다. 필자도, 여러분도.

이 책은 총 4장으로 구성되어 있다. 1장 '기초 다지기: 경제는 팽창하는 우주의 축소판'에서는 유동성을 이해하기 위한 기초 지식에 대해 다룬다. 경험에 의하면 경제의 기본 구조와 순환 시스템에 대한 이해가 선행되지 않으면 어떤 유의미한 유동성 공급 신호가 들어와도 쉽게 이를 알아차리고 반응할 수 없다. 그래서 이 책 서두의 상당 부분을 경제 구성 요인 간 상호작용과 경기순환 메커니즘을 다루는 데 할애했다. 2장 '중앙은행과 정부의 정책 공조'에서는 정부와 중앙은행의 구체적인 유동성 공급방법과 이를 측정할 수 있는 도구와 신호, 그리고 앞으로도 유동성이 증가할 수밖에 없는 이유에 대해 다뤘다. 모두 물가상승을 우려하지만 그 이면에 감춰진 정치적 계산은 유동성 공급의 이유를 좀 더 명확하게 해준다. 3장 '유동성을 알면 돈의 흐름이 보인다'에서는 유동성이 가진 특성과 유동성을 계량적으로 측정하는 지표, 유동성 공급 신호를 읽고 해석하는 방법에 대해 다뤘다. 지난 2008년 글로벌 금융위기와 2020년 코로나 팬데믹 시기에 투입된 유동성의 파급력을 비교함으로써 앞으로 반복될 유동성의 영향력을 추정할 수 있을 것이다. 마지막 4장 '인플레이션 시대, 투자를 위한 준비와 조건'에서는 앞으로 반복될 유동성 경제, 인플레이션 경제에서 어떠한 대비를 해야 하는지 고찰했다. 혹자는 전기차, 메타버스 등 100년에 한 번 올까 말까 한 산업구조의 대변혁과 새로운 경제 패러다임이 도래하는 시기라 칭하지만 필자는 그럼에도 글로벌 저성장·저금리 기조는 장기적으로 변화가 없을 것이라 판단한다. 그리고 반복되는 경기 침체 때마다 기축통화국 미국의 정책 선택은 동일할 것이며, 그 정책이 실행될 때 우리는 투자의 기회를 잡을 수 있을 것이다.

참고로 이 책의 모든 차트와 도표 등은 미국의 데이터를 중심으로 사용했다. 미국은 세계에서 가장 큰 경제 대국이자 기축통화국으로서 미국의 정책 결정은 유럽, 일본, 중국 등 여타 선진국과 우리나라에 연쇄적으로 영향을 주기 때문이다. 그리고 중간중간 우리나라의 데이터를 활용해 현실적인 체감을 더하려 했다.

유동성과 인플레이션이란 주제가 다소 무거워 내용을 이해하는 데 어려움이 따를 수 있지만 가능하면 끝까지 완독해보기 바란다. 이 책을 통해 보다 현명하고 안전하게 유동성의 파도를 탈 수 있는 능력을 키울 수 있을 것이다.

이낙원

차례

1장 기초 다지기: 경제는 팽창하는 우주의 축소판

2장 중앙은행과
정부의 정책공조

3장 유동성을 알면
돈의 흐름이 보인다

4장 인플레이션 시대, 투자를 위한 준비와 조건

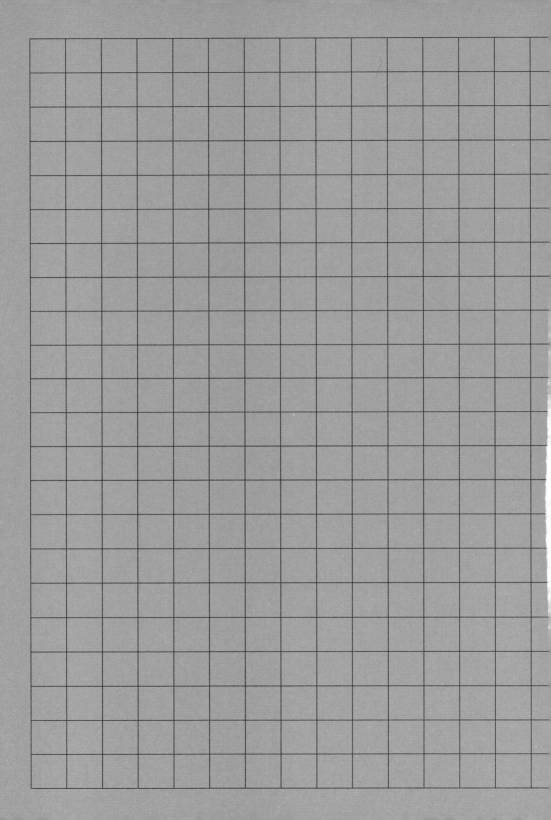

기초 다지기:
경제는 팽창하는
우주의 축소판

"과거로 돌아가서 시작을 바꿀 수는 없다.
하지만 지금부터 시작해
미래의 결과를 바꿀 수는 있다."

_클라이브 루이스

2020년을 덮친 코로나19, 유동성 파도 속 자산 시장

국민의 경제 활동은 국가 전체의 부를 창조하고 확대시킨다. 예를 들어 A가 원재료를 구입해 반제품을 만들어 B에게 판매하면 새로운 가치가 발생하고, B가 완제품을 만들어 C에게 판매할 때도 새로운 가치가 발생한다. 각 단계에서 노동과 자본이 투입되지만 결과적으로 투입되는 자원 이상의 부가가치가 생성된다. 우리나라 전체 경제 활동 중 70% 이상을 차지하는 서비스업 시장도 마찬가지다. D가 E에게 다양한 유무형의 서비스를 제공함으로써 대가(부)를 창출한다. 실물자산 시장도 그렇다. F가 토지에

● 제도 부문별 자산 규모 ●

(단위: 조 원, %, %p)

구분	1995년 (A)	2000년	2005년	2010년	2015년	2019년 (B)	B/A (B-A)
비금융 법인기업	798.0 (27.4)	1,170.0 (30.8)	1,865.1 (28.8)	3,027.1 (30.3)	3,858.3 (30.9)	4,988.9 (31.1)	6.3 (+3.7)
금융 법인기업	26.8 (0.9)	40.7 (1.1)	67.4 (1.0)	104.1 (1.0)	134.6 (1.1)	190.9 (1.2)	7.1 (+0.3)
일반 정부	711.6 (24.5)	894.8 (23.5)	1,491.0 (23.0)	2,302.0 (23.0)	2,932.3 (23.5)	3,657.0 (22.8)	5.1 (-1.7)
가계 및 비영리단체	1,371.2 (47.2)	1,694.6 (44.6)	3,061.4 (47.2)	4,571.9 (45.7)	5,563.6 (44.5)	7,204.7 (44.9)	5.3 (-2.2)
국내 경제	2,907.5 (100.0)	3,800.1 (100.0)	6,484.8 (100.0)	10,005.1 (100.0)	12,488.8 (100.0)	16,041.5 (100.0)	5.5

* 비금융자산 순자본스톡 기준. 괄호 내는 각 제도 부문이 보유한 자산이 국내 경제에서 차지하는 비중 및 비중의 증감

자료: 통계청

건물을 지어 G에게 판매할 때도, G가 일정 기간 보유 후 H에게 판매할 때도 가치에 가치가 더해진다. 다만 자산 시장은 경기 둔화나 공급 증가 등의 영향으로 때로는 가격이 하락할 수 있다. 하지만 통계적으로 장기간 관찰하면 가격 하락은 일시적이며, 전체적인 부의 팽창과 비교하면 체감되지 않을 정도로 미미하다.

국민대차대조표는 우리나라의 개별 경제 주체가 보유한 모든 자산의 총가액 및 증감을 기록한 명세표로 통계청에서 집계·제공하고 있다. 이를 통해 가계와 기업, 정부의 비금융자산, 금융자산,

부채의 규모와 증감을 알 수 있다. 과거 25년의 순자본 계정을 보면 가계, 기업, 정부 모두 경제 상황과 큰 관계없이 비금융자산 및 금융자산의 가격이 우상향한 것을 알 수 있다. 개별 항목의 일시적인 하락은 있을지 몰라도 건물, 토지 등 부동산과 인프라, 기계장치, 원자재, 농산물, 귀금속 등 경제구성원들의 생산자산 및 비생산자산, 금융자산의 합계는 꾸준히 상승했다.

1997년 IMF 외환위기, 2008년 글로벌 금융위기와 같은 이벤트성 쇼크도 장기적으로는 문제될 것이 없었다. 위기를 극복하는 과정에서 자산의 우상향은 멈추지 않았고, 그렇게 국부는 끊임없이 팽창했다.

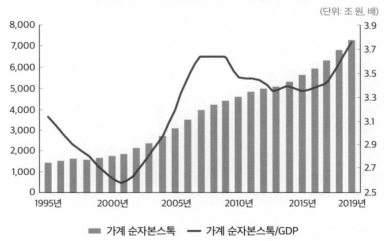

● 가계와 비영리단체 순자본스톡 및 대GDP 배율 ●

(단위: 조 원, 배)

■ 가계 순자본스톡　— 가계 순자본스톡/GDP

자료: 인포맥스

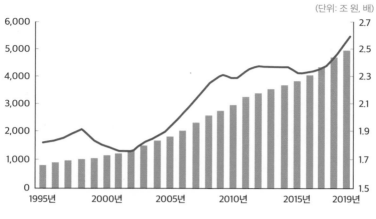

● 비금융법인기업의 순자본스톡 및 대GDP 배율 ●

(단위: 조 원, 배)

■ 비금융법인기업 순자본스톡　── 비금융법인기업 순자본스톡/GDP

자료: 인포맥스

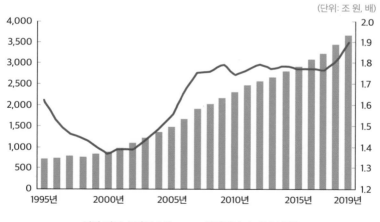

● 일반 정부의 순자본스톡 및 대GDP 배율 ●

(단위: 조 원, 배)

■ 일반 정부 순자본스톡　── 일반정부 순자본스톡/GDP

자료: 인포맥스

실제로 가계와 기업, 정부의 순자본은 지속적으로 증가했다. 그래프만 보면 우리나라 경제에 치명적인 상처를 준 1997년 IMF 외환위기와 2008년 글로벌 금융위기의 상흔과 흉터는 보이지 않는다. 어떤 이유로 가계와 기업, 정부의 자산은 계속 우상향할 수 있었을까? 첨단기술 산업의 고도화와 관련 부가가치의 확대로 이 모든 것을 설명할 수 있을까? 아니다. 국부의 상승은 뒤에서 설명할 유동성과 인플레이션의 관점에서 살펴볼 필요가 있다.

한편 국민대차대조표에서는 GDP 대비 국민순자산 비율, 즉 국민순자산을 국가가 1년간 생산한 재화와 서비스 총액으로 나눈 배율을 보여준다. 2000년대 이후 글로벌 저성장 국면에 들어섰음에도 해당 비율은 가파르게 상승한다(25년 동안 건설자산은 약 7배, 토지자산은 약 5배 증가). 이는 경제가 성장하는 속도보다 국부의 증가가 더 빠르다는 것을 의미하는데 주로 자산 가격 상승에 기인한다. 저금리 기조와 글로벌 금융위기 이후 반복된 양적완화가 맞물리면서 화폐 유동성이 폭발적으로 늘어난 시기와 일치하는 것이다. 결국 시중에 풀린 유동성이 기업의 자본 생산성을 높이기보다 자산 가격 상승으로 이어져 국부를 늘렸다는 해석이 가능하다.

실제 2000년대 이후 가계와 기업, 금융 시장을 보면 가계는 저축보다 저금리와 유동성을 이용해 주택과 토지를 매입했고, 기업은 적극적인 R&D 투자보다 사옥이나 토지 등 실물자산을 보

● 비금융자산 형태별 규모 ●

(단위: 조 원, 배, %)

구분			1995년	2000년	2005년	2010년	2015년	2019년	2019년/1995년
비금융자산			2,907.5 [6.7]	3,800.1 [5.8]	6,484.8 [6.8]	10,005.1 [7.6]	12,488.8 [7.5]	16,041.5 [8.4]	5.5
	생산자산		1,166.5 (40.1)	1,847.6 (48.6)	2,897.5 (44.7)	4,551.0 (45.5)	5,691.4 (45.6)	7,221.5 (45.0)	6.2
		고정자산	1,056.9 (36.4)	1,722.3 (45.3)	2,729.8 (42.1)	4,272.2 (42.7)	5,359.4 (42.9)	6,797.6 (42.4)	6.4
		건설자산	773.5 (26.6)	1,281.4 (33.7)	2,150.5 (33.2)	3,412.1 (34.1)	4,221.7 (33.8)	5,353.1 (33.4)	6.9
		설비자산	239.1 (8.2)	356.3 (9.4)	421.2 (6.5)	606.0 (6.1)	760.8 (6.1)	921.7 (5.7)	3.9
		지식재산	44.3 (1.5)	84.6 (2.2)	158.2 (2.4)	254.1 (2.5)	376.9 (3.0)	522.9 (3.3)	11.8
		재고자산	109.6 (3.8)	125.4 (3.3)	167.7 (2.6)	278.8 (2.8)	332.0 (2.7)	423.8 (2.6)	3.9
	비생산자산		1,741.0 (59.9)	1,952.5 (51.4)	3,587.3 (55.3)	5,454.0 (54.5)	6,797.4 (54.4)	8,820.0 (55.0)	5.1
		토지자산	1,724.9 (59.3)	1,932.6 (50.9)	3,559.3 (54.9)	5,414.0 (54.1)	6,749.3 (54.0)	8,767.0 (54.7)	5.1
		지하자원	12.2 (0.4)	13.4 (0.4)	18.9 (0.3)	23.4 (0.2)	25.2 (0.2)	27.1 (0.2)	2.2
		입목자산	3.8 (0.1)	6.4 (0.2)	9.1 (0.1)	16.6 (0.2)	23.0 (0.2)	25.9 (0.2)	6.8

* 대괄호 내는 국내총생산(명목) 대비 배율(배). 소괄호 내는 각 자산이 전체 비금융자산에서 차지하는 비중(%)

인플레이션 게임

유하려는 경향이 컸다. 실물자산 가격 상승분이 경제 성장분보다 더 컸기 때문이다. 이 시기에 실물자산을 가질 수 있는 사람과 그렇지 않은 사람 사이의 격차는 확대되었다. 노동의 대가가 자본의 대가보다 크지 않은 사회, 건강하지 않은 방식의 경제 확장과 국부의 확대가 당연시되는 사회가 된 것이다.

안타깝게도 이를 바꿀 새로운 패러다임은 아직 보이지 않는다. 글로벌 저성장과 인구 노령화 현상이 고착화되고 중앙은행의 비전통적 통화정책, 즉 양적완화가 존재하는 한 이러한 추세는 상당 기간 지속될 것으로 보인다.

인플레이션과 버블을
야기한 유동성

···· 2019년 11월 중국에서 처음 발병된 코로나19 바이러스는 2020년 2월을 기점으로 글로벌 경제의 68%(2019년 GDP 기준)를 차지하고 있던 미국과 중국, 유로존, 일본으로 급속도로 퍼져나갔다. 2020년 1월 국제적 공중보건 비상사태를 선포한 세계보건기구(WHO)는 40여 일 만에 범유행전염병(팬데믹)을 선언했고, 감염 공포와 함께 소비심리는 급속도로 얼어붙었다. 생산은 중단되고 실업은 증가했으며 원자재 재고는 급증하고 물가는 곤두박질

치기 시작했다(미국의 2020년 경제성장률은 −3.5%로 74년 만에 최악의 기록을 남겼다).

이에 미국 연준(FED)은 2020년 3월 4일 다급히 기준금리를 1.75%에서 1.25%로 내렸고, 2주가 채 지나지 않아 1.25%에서 0.25%로, 즉 제로금리 수준까지 내렸다. 이에 더해 유동성 공급 확대를 위해 7천억 달러(당시 환율 기준 약 853조 원) 규모의 천문학적인 양적완화를 시행했다. 과감한 조치에도 시장의 공포심리는 며칠간 더 이어졌다. 그러나 역사상 유래 없는 유동성 공급 조치에 2020년 3월 말부터 시장은 급반등하기 시작한다.

V자 반등을 한 것은 경제만이 아니었다. 넘치는 유동성은 부동산, 주식, 원자재를 비롯한 대부분의 실물자산으로 흘러 들어가 인플레이션과 버블을 야기했다. 코로나19 이후 자산 시장은 어떤 움직임을 보였을까? 전통적 자산 시장과 대체투자 시장으로 구분해서 살펴보자.

1. 전통적 자산 시장

코로나19 이후 전통적 자산(주식, 채권, 외환) 시장은 막대한 유동성의 영향을 그대로 반영했다. 먼저 주식 시장을 보면 코로나19가 대폭 확산되기 직전인 2020년 2월에는 3만 포인트에 근접하던 미국 다우지수가 한 달 뒤인 3월에는 코로나19 공포감에 35% 하락해 1만 9천 포인트를 하회한다. 하지만 미국의 양적완화 발표 후 시장심리가 안정되면서 저가 매수세가 유입되었고, 자산 매입 축소(테이퍼링)를 발표하기 전인 2021년 11월 3만 6천 포인트를 찍으며 역사상 최고치를 갱신한다.

　달러원 환율은 어떨까? 글로벌 안전자산인 달러화도 2020년 2월 공포감이 확산되자 1,190원대에서 1,296원 선까지 수직 급등했지만 미국의 양적완화 발표 후 약세 안정을 찾으며 2021년 1월 1,080원까지 하락한다. 그리고 2021년 11월에는 코로나19 이전 수준인 1,180원대로 회복했다.

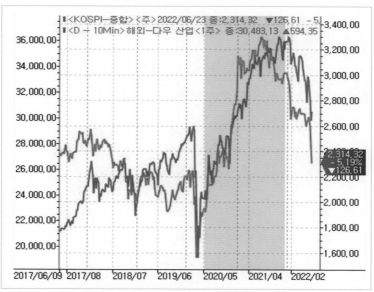

▲ 미국 다우지수(파란색)와 우리나라 코스피지수(붉은색)

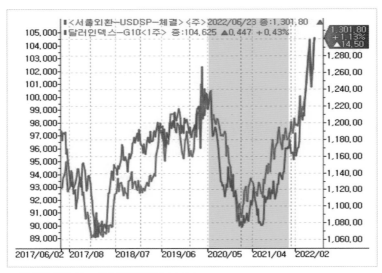

▲ 달러원 환율(붉은색)과 달러인덱스(파란색)

2. 대체투자 시장

금융자산이 아닌 실물자산(부동산, 원자재, 농산물, 귀금속)의 가
격은 어땠을까? 우리의 삶과 밀접한 연관이 있는 대표 원자재와
부동산의 가격을 살펴보자.

배럴당 50달러대에서 등락하던 유가(WTI)는 2020년 4월
10달러 초반까지 폭락하더니 테이퍼링 발표 전 7년 만의 최고가
인 80달러 선까지 상승했다. 대표적인 산업금속인 구리 역시 같
은 기간 1톤당 약 5천 달러대에서 100% 올라 1만 달러에 육박
했다. 식용원료도 마찬가지다. 음식의 주재료인 밀(SRW) 역시 같
은 기간 1부쉘(27.2kg)당 5달러에 거래되다가 2012년 이후 최

고치인 8달러를 넘어섰고, 옥수수 또한 1부쉘당 3.4달러 선에서 5.6달러 선까지 64% 급등했다.

귀금속도 예외는 아니다. 대표적인 안전자산인 금은 같은 기간 1g당 5만 7천 원대에서 급격히 치솟아 2020년 7월 8만 원을 상회한 후 2021년 11월 6만 7천 원대에 머물렀다. 미국 20개 주요 도시의 주택 가격 역시 같은 기간 26% 이상 상승했고, 상업용 부동산은 23% 상승했다. 어디 미국뿐이겠는가? 부동산의 고공행진은 우리나라도 마찬가지다. 서울 아파트 가격은 같은 기간 약 15%, 상업용 부동산은 약 11% 상승하며 양극화와 사회 분열의 주범이 되었다.

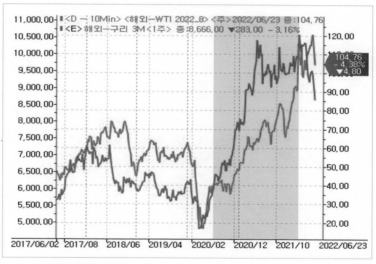

▲ 유가(붉은색)와 구리(파란색) 가격

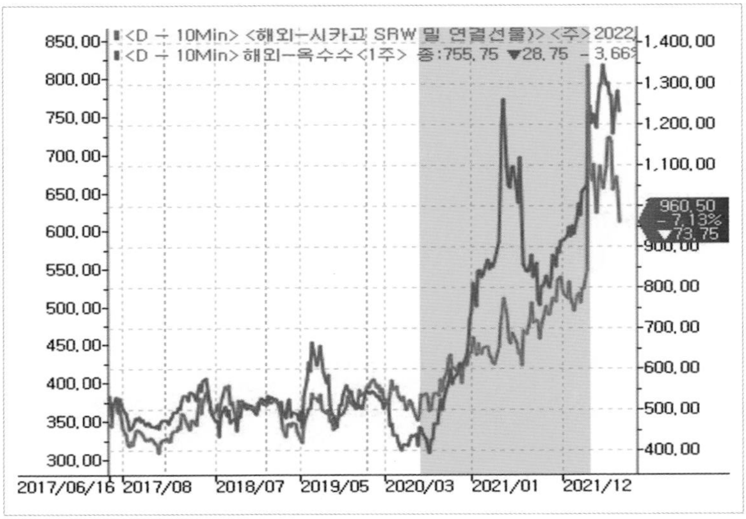

▲ 밀(붉은색)과 옥수수(파란색) 가격

• 미국 상업용 부동산 가격지수 추이 •

(기준: 2000년 10월 100p)

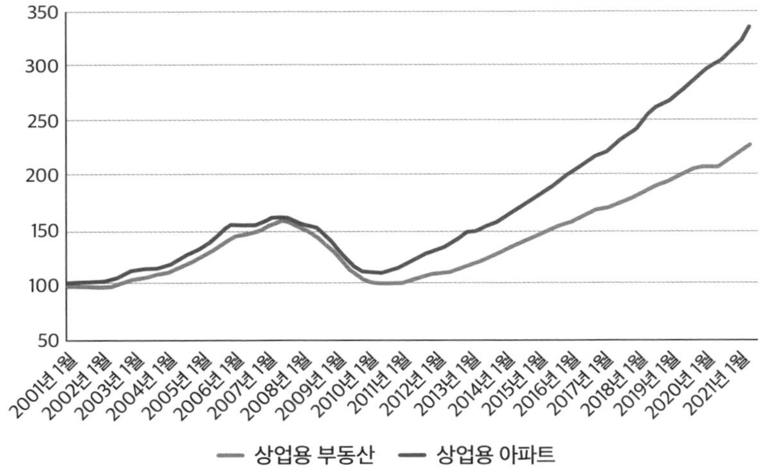

자료: Real Capital Analytics

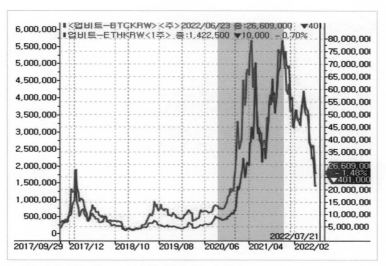

▲ 암호화폐 비트코인(붉은색)과 이더리움(파란색) 가격

　　암호화폐의 상승폭은 그 어떤 자산보다 심각하다. "아, 그때 나도 샀더라면…." 하는 탄식이 절로 나온다. 암호화폐의 대장 격인 비트코인은 코로나19 이전 1천만 원 선에 거래되다가 1년 6개월 만에 8배가 뛰었고, 같은 기간 15만 원대에 거래되던 이더리움은 510만 원대로 약 37배 상승했다.

유동성과 인플레이션,
어떻게 감지할 것인가?

글로벌 통화량 증가와
자산 시장의 움직임

… 코로나19 전후 무슨 일이 있었던 걸까? 왜 주식, 원자재, 부동산, 암호화폐 등 모든 자산과 상품의 가격이 전방위적으로 급상승했을까? 코로나19 확진자가 폭등하고 길거리 상점은 문을 닫는데 왜 자산 가격만 뛰었을까? 그 배경에는 글로벌 주요국들의 과감한 통화 공급, 즉 유동성 확대 정책이 있다. 코로나19가

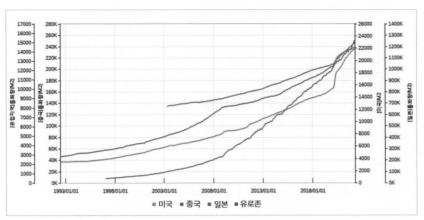

▲ 주요국 통화량(본원통화) 추이

자료: 인포맥스

확대된 후 미국을 비롯한 주요국들은 역사상 유래 없는 확장적 통화·재정정책을 동시에 펼치며 시장에 막대한 유동성을 공급했다. 2008년 글로벌 금융위기 때보다 더욱 과감하고 파격적인 조치였다.

사실 이미 양적완화는 10여 년이 훌쩍 넘는 역사를 가지고 있다. 2008년 글로벌 금융위기를 양적완화로 극복한 경험이 있는 미국은 팬데믹과 같은 예상치 못한 충격에 맞닥뜨리자 양적완화의 유혹을 뿌리칠 수 없었다. 전통적 통화정책인 금리 조절보다 강력하고 즉각적인 효과를 나타내는 거부할 수 없는 마약과 같은 양적완화. 이 처방은 정부의 확대 재정정책과 더불어 앞으로도 반복될 것이고, 이렇게 풀린 유동성은 실물자산 시장으로 유입되어 자산 가격 상승과 인플레이션을 유발할 것이다.

버블이 계속될 수는 없겠지만 터질 때쯤엔 경기 냉각을 방어하기 위해 또 다른 이름의 완화책과 부양책이 나올 것으로 보인다. 그리고 늘 그렇듯이 자산 가격 상승과 인플레이션의 피해자는 대다수의 서민일 것이다. 실물자산을 보유하지 못한 계층은 임금 상승을 상회하는 물가상승의 폐해를 온몸으로 막으며 자산가들의 방패막이 되고 있다. 그렇다면 우리는 반복되는 역사와 미래를 앞두고 어떤 선택을 해야 하는가? 어떻게 유동성의 파도를 미리 감지하고 대처할 것인가?

확실한 것은 유동성과 인플레이션의 개념을 정확히 이해하고 준비한 자만이 미리 움직일 수 있다는 것이다. 사실 일반인이 유동성의 영향력을 체감하기란 쉽지 않다. 경기 둔화 또는 경제위기 이후 매스컴은 정부와 중앙은행의 유동성 공급 뉴스를 전하겠지만 관련 업계에 종사하지 않는 이상 유동성을 느낄 정도가 되면 이미 금융자산, 실물자산의 가격은 진입하기 어려울 만큼 상승해 있는 경우가 많다. 달리는 말에 뒤늦게 올라타기란 웬만한 용기로는 쉽지 않은 법이다. 하지만 유동성 공급 경로와 강도를 구분할 수 있고, 실물경제와 투자자산 시장으로 이어지는 메커니즘을 이해한다면 정책의 파급력을 미리 예견할 수 있을 것이다.

우리는 먼저 경제를 구성하는 주체들의 역할과 상호작용을 통해 유동성이 어떠한 경로로 경제에 영향을 미치며 순환하는지 살펴보려 한다. 그러한 메커니즘을 이해한 다음, 더 나아가 전 세계 경제가 왜 미국을 중심으로 돌아가는지 알아보려 한다.

경제의 구성 요인과
상호작용

경제를 구성하는 요인은 크게 정부와 가계, 그리고 기업과 금융 기관으로 나눌 수 있다. 기업은 자본을 투입해 생산 환경을 만들고, 노동자를 고용해 물건과 서비스를 생산한다. 그리고 가계는 기업에 노동력을 제공하는 대가로 임금을 받는다. 이 과정에서 기업과 개인은 정부에 소득세, 법인세 등의 세금을 내고 정부는 세수입을 바탕으로 국가 운영에 필요한 각종 지출을 한다. 한편 금융기관(대표적으로 은행)은 자금의 융통을 담당하는데, 저축과 대출을 통해 신용화폐를 창출하고 시중 유동성을 흡수하거나 확대하는 역할을 한다.

이 중 은행의 역할을 좀 더 자세히 살펴보자. 가계와 기업은 생산 활동을 통해 벌어들인 수입을 다른 소비와 지출로 바로 사용할 수도 있지만 미래를 위해 저축하기도 한다. 반면 부동산 구입이나 설비 투자 등을 위해 대출을 일으키는 가계와 기업도 있을 수 있다. 은행은 저축과 대출로 화폐를 공급자에게서 수요자에게로 이전하는 역할을 하는데, 이 과정에서 시중의 돈이 경제 구성원들 사이에서 회전한다. 그리고 이러한 시중의 자금 흐름을 국가적으로 제어하는 역할을 바로 중앙은행이 하고 있다. 중앙은행은 정부 소속이 아닌 독립된 기관으로 경기 상황에 따라 금리와 시장 유동성을 독자적으로 조정한다. 이는 가계의 소비와 저축, 기업의 투자 결정에 큰 영향을 미친다. 결국 중앙은행이 시장 심리를 조정하는 중추적인 역할을 수행하고 있는 것이다.

물론 모든 경제의 모든 역할을 중앙은행이 도맡고 있는 것은 아니다. 정부는 기업과 가계로부터 얻은 세수와 정부 자산의 운용수익을 기반으로 다양한 경제 활성화 정책을 펼친다. 사회 기반 인프라를 정비하고 기업의 투자를 장려하는 한편 고용을 높이고 소비를 촉진시키는 여러 방안을 제시해 가계와 기업의 안정적인 성장을 돕는다. 또한 장기적 관점에서 건전한 경제 성장을 위해 기업의 독과점 방지와 불공정 거래를 제한해 건강한 기업 경쟁 환경을 만든다. 사회적 통합을 위해 저소득층, 빈곤계층에 대한 정책적 지원을 통해 소득 재분배의 기능도 수행하고 있다.

국가 경제의 자금 순환을 이해하는 데 각 구성원들의 소득과 지출을 파악하는 것은 매우 중요하다. 정부와 중앙은행의 정책이 어느 구성원의 소득을 높이고 어떤 종류의 지출을 이끌어내는지 파악하는 것은 앞으로 실행될 정책의 당위성과 함께 경제 파급효과를 예상하는 데 매우 큰 도움이 된다.

가계, 기업, 정부의
수입과 지출

1. 가계

먼저 가계 부문을 보자. 통계청 자료에 따르면 2021년 3분기 기준 평균 우리나라의 가구원 수는 가구당 2.3명이며, 가구당 소득은 473만 원이고, 이 중 350만 원을 지출하고 123만 원은 저축한다. 지출내역 중 세금과 연금, 사회보험, 이자 비용 등을 제외한 소비지출은 254만 원 정도이며, 소비지출의 60% 이상은 기본적인 의식주와 교통비로 사용되고 있다. 만약 코로나19 이후의 상황처럼 유가, 농산물 등 원자재 가격 상승으로 인플레이션 압력이 더해지면 식료품과 음식, 교통비의 비중이 증가할 것이다. 중장기적으로 공산품과 서비스 전반의 가격 상승으로 이어져 소

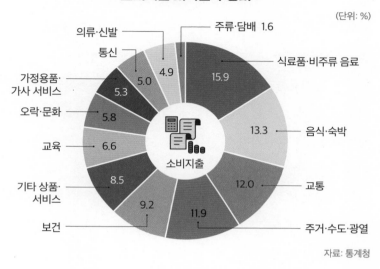

● 소비지출 비목별 구성비 ●

(단위: %)

- 의류·신발
- 통신
- 가정용품·가사 서비스
- 오락·문화
- 교육
- 기타 상품·서비스
- 보건
- 주류·담배 1.6
- 식료품·비주류 음료 15.9
- 음식·숙박 13.3
- 교통 12.0
- 주거·수도·광열 11.9
- 4.9
- 5.0
- 5.3
- 5.8
- 6.6
- 8.5
- 9.2

소비지출

자료: 통계청

비를 위축시킬 수 있다. 또한 물가상승을 억제하기 위해 기준금리를 상승시키면 저축의 유인이 커지고 비소비지출에서의 이자 비용이 커지는 한편, 소비는 감소할 것이라 추론해볼 수 있다.

2. 기업

우리나라의 기업은 형태와 종류는 다양하지만 경제 활동을 영위하는 방식은 대동소이하다. 기업은 유무형의 제품과 서비스를 만들어 판매하고 각종 비용을 제외하고 남은 순이익을 주주에게 배당 형태로 돌려주거나, 재투자를 통해 성장을 도모한다. 통계청이 발간하는 〈기업활동조사〉에 따르면 상용근로자 50인 이상, 자본금 3억 원 이상인 1만 3,400여 개 기업의 경우 재료비, 판매관리비, 임금 등 각종 비용을 제하고 평균 4.1%의 세전 순이익(수입)을 기록했다. 이 중 65%를 재투자했으며 나머지 35%는 주주에게 배당하거나 회사에 유보했다. 한편 기업은 은행 차입과 회사채, 주식 발행을 통해 기업 운영에 필요한 자금을 조달한다. 일반적으로 시장금리가 상승하면 자금조달비용이 상승해 투자가 위축되고, 시장금리가 하락하면 자금조달비용이 하락해 투자가 활성화된다. 또한 경제가 둔화되거나 침체될 것이라 예상되면 회사 매출 부진과 순익 감소, 재무구조 악화 우려에 자금조달비용이 상승한다(이 경우 주식, 회사채 가격 하락, 자금조달금리 상승).

3. 정부

정부의 수입은 크게 세수입과 세금 외 수입으로 나뉜다. 2021년 기준 세수입이 약 60%를 차지한다. 정부는 가계로부터 소득세, 재산세, 건강보험료 등을 징수하고, 기업으로부터 법인세 등을 징수하는 한편 재화나 서비스의 거래 단계에서 생성되는 가치에 부과되는 부가가치세를 징수한다. 정부의 세수 중 소득세와 법인세, 부가가치세가 75% 이상으로 가장 비중이 크다. 또한 세금을 제외한 수입 부분도 약 40%로 상당하다. 그중 가장 큰 부분은 국민연금과 의료보험 등 사회보험제도를 운영하기 위해 가계와 기업이 납부하는 사회보험료 수입이다. 그리고 그다음으로 기

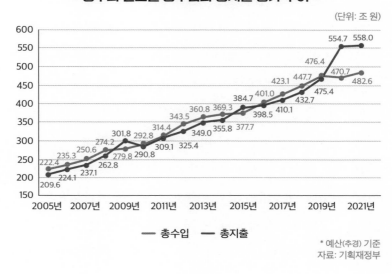

● 정부의 연도별 총수입과 총지출 증가 추이 ●

(단위: 조 원)

* 예산(추경) 기준
자료: 기획재정부

— 총수입   — 총지출

적립된 국민연금 등의 기금운용수익과 토지, 인프라, 각종 시설 등 국가 정부 재산의 운영수입, 정부가 운영하는 양곡, 우정, 조달 사업 등으로부터 벌어들인 수입 등이 뒤따른다. 반면 정부의 지출은 사회복지(33%), 행정·공무(19%), 교육(13%), 국방(9%) 등에 쓰이며, 주로 국민의 기본적 삶 유지와 사회질서 유지 등을 위해 지출된다.

정부의 수입과 지출 규모는 경제 상황에 따라 달라진다. 일반적으로 경제 활동이 예상했던 것보다 둔화되면 수입은 줄고 지출이 느는데, 예상치 못한 사회 경제적인 충격에 정부의 지출이 확대될 경우 정부는 추가경정예산을 편성해 국회의 동의를 얻어 집행한다. 이는 결국 미래 세금 수입(세수)을 담보로 당겨쓰는 것이기에 지출의 사회 경제적 효과를 고려해 신중히 결정해야 한다. 코로나19 이후 2020~2021년 기간 동안 재난지원금, 백신과 방역, 그리고 지역경제 활성화 등을 위해 유래 없는 추가경정이 시행되었다. 이 중 상당액은 국채 발행으로 충당되었다. 정부의 입장에서는 수요 진작을 통해 경기 둔화를 방어하려는 목적이었지만 경기 부양에 실패할 경우 향후 국채 상환에 따른 부담이 늘어날 수 있다. 정부의 수입과 지출액은 꾸준히 증가해왔다. 과거 2008년 글로벌 금융위기 때는 수입보다 지출이 약 22조 원가량 더 많았는데, 코로나19 이후에는 그 폭이 80조 원가량으로 확대

● 가계, 기업, 정부의 수입과 지출 ●

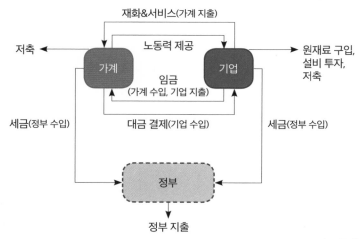

자료: 통계청

된 것을 볼 수 있다.

　가계는 기업에 노동력을 제공하는 대신 임금을 받고 기업으로부터 생산된 재화와 서비스를 구입한다. 정부는 가계와 기업의 생산·소비 활동에서 소득세와 법인세 등 세금을 징구해 지출한다. 정부의 소비지출은 또다시 기업의 생산, 수입과 맞닿아 있다. 이처럼 가계의 소비와 기업의 생산, 정부의 수입과 지출은 모두 연결되어 있으며 상호작용을 통해 경제를 순환시킨다.

경제 성장과
경기순환

경기순환
사이클

··· 경제가 일정하게 직선으로 성장하면 좋겠지만 실제로는 그렇지 않다. 경제에 미치는 변수가 다양할 뿐더러 상황에 따라 영향력이 다르고, 이에 대응하는 정부와 중앙은행의 정책이 후행하기 때문이다. 그래서 실제로 경제는 음파처럼 파동을 그리며 성장한다. 이런 경제파동은 평균을 중심으로 확장과 수축을 반복하는

인플레이션 게임

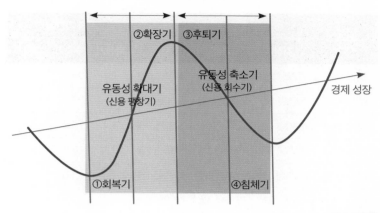

자료: 통계청

모습을 보인다. 경기가 바닥을 찍고 반등할 때는 회복과 확장 과정을 거치고, 경기가 고점을 찍고 하락하는 수축 단계에서는 후퇴와 침체 과정으로 이어진다. 이를 이어서 보면 '회복-확장-후퇴-침체'로 연결된다.

정부와 중앙은행은 경제가 천천히 확장해 확장 상태가 상당기간 유지되는 것을 선호한다. 그러나 확장 상태에 들어서면 경제구성원들은 빠르게 투자를 늘려 확장 속도를 가속화하기 때문에 완만한 확장이 지속되기란 어려운 일이다. 또한 정부와 중앙은행이 제때 제어하지 않으면 경제는 과열을 지나 버블로 가게 되므로 적정 시점에서 경제 확장 속도를 제어한다. 그러다 경기가 정점을 찍었다고 판단되면 시장심리는 확장기 때보다 빠르게

● 우리나라 최근 50년 경기순환사이클 ●

차수	기준 순환일			지속 기간(년)		
	저점	고점	저점	확장기	수축기	순환기
제1순환기	1972년 3월	1974년 2월	1975년 6월	1.9	1.9	3.3
제2순환기	1975년 6월	1979년 2월	1980년 9월	3.7	1.6	5.3
제3순환기	1980년 9월	1984년 2월	1985년 9월	3.4	1.6	5.0
제4순환기	1985년 9월	1988년 1월	1989년 7월	2.3	1.5	3.8
제5순환기	1989년 7월	1992년 1월	1993년 1월	2.5	1.0	3.5
제6순환기	1993년 1월	1996년 3월	1998년 8월	3.2	2.4	5.6
제7순환기	1998년 8월	2000년 8월	2001년 7월	2.0	0.9	2.9
제8순환기	2001년 7월	2002년 12월	2005년 4월	1.4	2.3	3.8
제9순환기	2005년 4월	2008년 1월	2009년 2월	2.8	1.1	3.8
제10순환기	2009년 2월	2012년 8월	2013년 3월	2.5	1.6	4.1
제11순환기	2013년 3월	2017년 9월	-	4.5	-	-

자료: 통계청

냉각된다. '그럼 정부와 중앙은행이 좀 더 미세하게 조정하면 되지 않을까?' 하는 생각이 들지 모른다. 잦은 정책 변화는 가계와 기업에 혼란을 주기 때문에 실제로 정부와 중앙은행은 적절한 가이드라인을 바탕으로 경제정책을 수행하고 있다.

지난 50년간 경기는 평균 4.1년의 주기로 11번 순환했다. 경기 확장은 평균 2.58년, 수축은 1.59년으로 수축 국면이 약 1년

인플레이션 게임

더 짧다. 일반적으로 경기는 서서히 확장되고 상대적으로 빠르게 수축되는 특징을 가진다.

정부와 중앙은행의 정책에 대한 자세한 내용은 후술하겠지만, 경기순환사이클의 각 단계는 정부와 중앙은행의 정책 대응으로 만들어진다.

경기가 저점을 향해 내려갈 때 정부와 중앙은행은 재정·통화 정책을 사용해 경기 침체를 방어한다. 정부 지출 확대, 금리 인하, 대출 확대(신용 팽창)의 시기다. 경기 부양 정책으로 가계와 기업의 소비, 수요가 증가하면 다시 경기가 반등하기 시작한다. 회복기를 거쳐 확장 단계에서는 유동성 확대로 경제지표 개선과 함께 자산 가격이 상승하고 인플레이션이 발생한다. 적정 물가와 완만한 경제 성장이 이어지는 것이 이상적이지만 비이성적인 투자심리는 금리 인상 신호가 오기 전까지 계속된다. 그다음 후퇴기는 버블 방지를 위해 유동성을 회수하는 단계다. 앞서 회복기와 확장기에 과도하게 확대된 가계와 기업의 부채를 축소하는 단계이기도 하다. 금리 인상으로 부채 비용이 늘어나고 자산 가격이 조정을 보이면 소비가 위축되면서 경기는 둔화되기 시작한다. 경기 둔화가 장기화되면 계절처럼 또 다시 새로운 경기순환 국면이 시작된다.

코로나19 이후 우리 경제는 어디까지 왔을까? 과도하게 풀린 유동성, 그리고 이어진 물가상승 압력과 금리 인상 기조를 보면 경기순환사이클상 확장기를 거쳐 후퇴기에 접어든 것으로 보인다. 우리는 과연 침체기의 바닥까지 내려갈 것인가?

경제 성장의 선순환 구조,
적정 인플레이션의 중요성

··· 앞서 언급했듯이 경제는 가계와 기업의 상호작용으로 순환하며 성장한다. 가계는 기업에 노동력을 제공한 대가로 소득을 얻고 이를 소비해 삶을 유지하는 한편 일부는 저축을 통해 자산을 형성한다. 반면 기업은 자본과 노동력을 기반으로 제품과 서비스를 생산하고, 벌어들인 이익 중 일부를 재투자해 기술 경쟁력을 얻는다.

여기에 경제가 원활히 성장하기 위해서는 또 한 가지 중요한 요건이 있다. 바로 적당한 인플레이션이 필수적으로 더해져야 한다는 것이다. 만약 적절한 인플레이션이 이어진다면 현재 시점의 소비가 증가한다. 향후 재화와 서비스의 가격이 상승할 것이란 기대감 때문에 가계와 기업은 소비를 앞당긴다. 물가상승과 함께 부동산 등 실물자산의 가격 상승이 동반되면 소비심리가 개선되고 지출이 늘어 기업의 생산 증가로 이어진다. 생산 증가는 다시 고용과 투자로 이어지고 다시 가계구성원의 소득과 소비 증가로

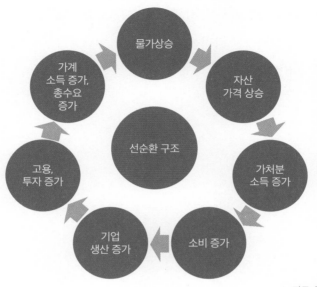

● 경제 성장의 선순환 구조 ●

물가상승

자산
가격 상승

가계
소득 증가,
총수요
증가

선순환 구조

가처분
소득 증가

고용,
투자 증가

기업
생산 증가

소비 증가

자료: 통계청

이어져 인플레이션을 자극한다. 이를 경제 성장의 선순환 구조라
고 한다.

그럼 반대로 인플레이션이 아닌 디플레이션 상태일 때는 어
떨까? 물가하락 국면이 지속되면 향후 재화와 서비스의 가격이
하락할 것이란 기대감에 소비를 늦춘다. 또한 가계와 기업이 보
유한 실물자산의 가격이 하락할 것이란 기대감에 소비지출이 지
연되며 기업의 매출이 악화되고 생산이 감소된다. 그 결과 고용
과 투자 감소로 이어진다. 실업이 증가하고 가계소득이 감소하면

또다시 소비가 둔화되고 결국 물가가 다시 하락하는 악순환의 고리에 빠진다. 이 때문에 경제가 선순환 구조를 유지하며 완만히 성장하기 위해서는 적절한 물가상승, 즉 인플레이션이 반드시 동반되어야 한다.

글로벌 경제의 종속성: 빅4에 휘둘리는 세계

상위 20%가 전체 부의 80%를 차지한다는 '파레토의 법칙'을 아는가? 세계 경제도 예외는 아니다. 국가들 간의 부의 쏠림은 개인보다 더 심한데, 글로벌 200여 개국 중 상위 10%, 20개 국가가 전 세계 경제(GDP)의 90%를 차지하고 있기 때문이다. 그중에서도 미국과 EU(유럽연합), 중국, 일본 4개국(이하 빅4)의 비중은 66.4%로 글로벌 경제의 2/3를 차지하고 있다.

이들 빅4는 서로에게도 큰 영향을 미치지만 직간접적으로 연결된 여타 수많은 국가에게도 엄청난 영향력을 행사한다. 만일 빅4의 소비심리가 위축되면 이들이 재화와 서비스를 수출하는 수많은 국가의 생산 감소로 이어지고, 다시 해당 국가의 고용과 가계소득, 소비 감소로 이어져 궁극적으로 글로벌 경제를 둔화 시킨다. 멀리 볼 것도 없이 우리나라 수출의 25% 이상을 차지하고 있는 중국의 성장이 둔화되면 우리나라 기업의 수출(생산) 감소로 이어져 무역수지가 악화되고, 다시 기업의 소비와 투자 감소로 이어진다. 우리나라 주식, 채권, 외환 시장에서 중국 경제지표를 가장 중요한 지표 중 하나로 보고 있는 이유도 중국 경제가 우리나라 수출입 기업 실적에 직접적인 영향을 미치기 때문이다. 더 나아가 외국인 투자자를 움직여 주가와 시장금리, 환율을 흔들 수 있다.

글로벌 경제의 방향과 경제순환사이클을 판단하기 위해 빅4 국가를 면밀히 살펴봐야 한다. 이들 국가의 경제지표 추이와 재정·통화정책의 변화를 통해 글로벌 유동성의 방향과 흐름을 유추할 수 있다.

참고로 유럽연합은 단일 국가가 아닌 경제공동체지만 편의상 빅4 중 하나로 칭했다. 유럽연합은 27개국으로 구성되어 있으며 이들 중 19개국은 유로화라는 단일 통화를 공유해 사용하고 있다. 재밌는 것은 EU 간에도 경제 규모의 쏠림이 상당하다는 것이다. EU 27개국 중 독일과 프랑스, 이탈리아 세 나라가 차지하는 GDP 비중은 54%에 달한다(2021년 기준).

● 글로벌 GDP 순위(2020년 기준) ●

순위	국가명	GDP(100만 달러)	비중(%)
1	미국	20,936,600	24.72
-	유럽연합	14,808,867	17.48
2	중국	14,722,731	17.38
3	일본	5,064,873	5.98
4	독일	3,806,060	4.49
5	영국	2,707,744	3.20
6	인도	2,622,984	3.10
7	프랑스	2,603,004	3.07
8	이탈리아	1,886,445	2.23
9	캐나다	1,643,408	1.94
10	대한민국	1,630,525	1.92
11	러시아	1,483,498	1.75
12	브라질	1,444,733	1.71
13	호주	1,330,901	1.57
14	스페인	1,281,199	1.51
15	멕시코	1,076,163	1.27
16	인도네시아	1,058,424	1.25
17	뉴질랜드	912,242	1.08
18	스위스	747,969	0.88
19	터키	720,101	0.85
20	사우디아라비아	700,118	0.83

자료: OECD

무역의존도가 높은 국가와
내수경제가 발달한 국가

··· 우리나라는 국내에서 생산된 모든 재화와 서비스(GDP) 대비
수출입 비중이 OECD 국가들 중에서 아주 높은 축에 속한다. 즉
교역으로 경제를 이끌어가는 국가로 구분할 수 있다. 우리나라는
영토가 좁고 인구수가 적고 자원빈국이지만, 첨단산업에 특화되
어 고부가가치를 창출하고 교역을 통해 국부를 창출함으로써 비
교적 단기에 고도성장할 수 있었다. 이는 경제 규모 확대와 성장
부문에서는 가장 효율적인 경제모델이라 할 수 있지만, 산업구조
의 불균형 문제와 함께 교역국의 수요가 끊임없이 유지되어야 한
다는 전제조건이 붙는다. 만약 교역국의 경제가 예상치 못한 충
격으로 위축되거나 해당 국가의 기술 발전으로 기존 수입 제품을
자체 생산으로 전환한다면 어떻게 될까? 우리나라의 경제 성장도
멈춰 설 수 있다. 따라서 우리 경제의 미래를 전망할 때 반드시
교역국의 경제와 산업 경쟁 구도도 함께 살펴봐야 한다.

　무역의존도가 높은 국가는 외부 충격에 매우 취약하다. 우리
나라의 경우 원자재 수입 비중이 높고 중국과의 교역의존도가 높
기 때문에 원자재 가격과 중국 경제 동향에 따라 물가와 환율의
변동성이 확대될 수 있다. 반면 무역의존도가 낮아 교역을 하지
않아도 국내에서 자급자족이 가능한 나라도 있다. 영토가 넓고

인구가 많은 나라가 그렇다. 영토가 넓으면 천연자원이 매장되어 있을 가능성이 높고, 기후가 좋은 지역에서 효율적인 농산물 경작도 가능하다. 또한 인구가 많으면 자국 내 여러 산업 간의 분업화가 용이하다. 농업과 중화학공업, 정보통신 등 1·2·3차 산업이 전반적으로 적절히 발달해 교역에 크게 의존하지 않아도 내수경제가 순환하며 성장하는 것이다.

G20 국가 중 우리나라는 멕시코와 독일 다음으로 무역의존도가 가장 높은 나라이며, 무역의존도가 가장 낮은 나라는 미국

● G20 무역의존도 순위 ●

순위	국가별	무역의존도(%)	순위	국가별	무역의존도(%)
1	미국	18.34	11	프랑스	40.68
2	인도	24.35	12	사우디아라비아	44.34
3	아르헨티나	24.96	13	이탈리아	48.96
4	일본	25.33	14	캐나다	49.27
5	브라질	25.92	15	남아프리카공화국	50.65
6	인도네시아	28.81	16	튀르키예	54.05
7	중국	31.70	17	대한민국	59.59
8	오스트레일리아	34.84	18	독일	66.40
9	영국	37.64	19	멕시코	74.54
10	러시아	38.52			

자료: 통계청

● 우리나라 수출입 교역 현황(2021년 기준) ●

구분	국가명	수출 비중 (%)	무역수지 (억 달러)	구분	국가명	수입 비중 (%)	무역수지 (억 달러)
1	중국	26.00	54	1	중국	29.30	54
2	미국	17.20	113	2	미국	15.70	113
3	베트남	10.30	155	3	일본	11.00	-103
4	일본	5.10	-103	4	호주	8.60	-110
5	홍콩	4.80	119	5	사우디 아라비아	7.70	-147
6	대만	4.50	6	6	베트남	5.40	155
7	싱가포르	3.20	43	7	대만	5.30	6
8	인도	2.90	32	8	독일	4.60	-57
9	호주	2.80	-110	9	러시아	3.80	-54
10	멕시코	2.20	27	10	인도네시아	3.10	-22

자료: 관세청

이다. G20은 G7(미국·프랑스·영국·독일·일본·이탈리아·캐나다)과 한국을 비롯한 아르헨티나·오스트레일리아·브라질·중국·인도·인도네시아·멕시코·러시아·사우디아라비아·남아프리카공화국·터키 신흥 시장 12개국, 그리고 EU 의장국이 더해진 20개국을 말한다. 참고로 우리나라의 주요 수출품목은 단연 반도체와 자동차다(부품 포함 약 30% 차지). 이들 산업의 향방으로 경제 동향과 추이를 예상해볼 수 있을 것이다.

인플레이션 게임

구분	수출		수입	
	품목명	금액	품목명	금액
1	반도체	19.4%	반도체	8.0%
2	자동차	7.3%	원유	7.1%
3	석유제품	4.7%	반도체 제조용 장비	2.7%
4	선박해양 구조물 및 부품	3.9%	천연가스	2.5%
5	합성수지	3.7%	컴퓨터	2.1%
6	자동차 부품	3.6%	자동차	2.1%
7	평판디스플레이 및 센서	3.5%	무선통신기기	2.1%
8	철강판	3.1%	석유제품	2.1%
9	컴퓨터	2.6%	정밀화학원료	1.7%
10	무선통신기기	2.6%	의류	1.5%

자료: e-나라지표

세계의 중심 미국,
그리고 기축통화 달러

⋯ 고대 이집트에서부터 현대에 이르기까지 전 세계 어떤 국가의 화폐와도 교환될 수 있는 물질이 있다. 바로 금이다. 금은 그 자체로 통용되기도 했고 각국 중앙은행의 화폐와 일정 비율만큼 교환할 수도 있었다. 산업화가 시작되고 세계 각국의 교역이 활

발해지자 금은 경쟁우위 국가로 이동하기 시작했다. 18~19세기에는 산업혁명의 근원지 영국으로, 그리고 제1·2차 세계대전 이후에는 전쟁 특수를 타고 급격히 성장한 미국으로 60% 이상이 집중되었다. 한편 제2차 세계대전 종전 직전 연합국은 세계 경제의 질서와 각국 통화가치의 안정을 위해 금 1온스를 35달러에 고정하고, 달러를 다른 국가의 통화와 일정 비율로 교환하는 고정환율제도를 만들었다. 이때부터 미국의 달러화는 전 세계 통화와 교환되는 중심 통화, 즉 기축통화가 된다. 이후 1971년 닉슨 대통령이 달러와 금을 교환할 수 있는 금태환제도를 중단했지만 현재까지 달러는 세계의 기축통화로 자리를 굳건히 하고 있다.

현재는 미국의 경제 규모를 턱밑까지 추격하고 있는 중국과 유로존 등이 기축통화의 자리를 넘보고 있지만 아직까지는 시기상조라고 본다. 기축통화국이 되기 위해서는 특정 기준을 충족해야 하기 때문이다. 국가의 존립을 위협받지 않을 정도로 군사 강대국이어야 하며, 내수 기반이 확고해 교역이 끊어져도 자국 내에서 생산·분배·소비가 가능해야 하며, 1·2·3·4차 산업이 전반적으로 균일하고 고도로 성장해 있어야 한다. 또한 초고도로 발전된 금융자본 시장이 있어 전 세계 금융허브로 손색이 없어야 하며, 글로벌 재화와 서비스, 금융이 자유롭게 드나들 수 있도록 규제 및 장벽이 낮아야 한다. 미국은 전 세계 국가 중 유일하게 해당 조건을 모두 충족한 나라로 국방뿐만 아니라 세계 경제와 금융을 주도할 수 있는 위치에 있다.

국제 무역 거래에서 대금결제에 사용되는 통화의 비중을 보면 기축통화인 달러가 압도적으로 많다. 예를 들어 우리나라와 호주가 교역을 하더라도 원화나 호주화로 결제하는 것이 아니라 달러를 주고받는 경우가 훨씬 많기 때문이다. 유로화 결제 비중도 미국에 못지않으나 사용 지역이 유로존에 집중된 점, 유로화를 사용하는 회원국 간의 경제적 불균형 문제와 정치·사회적 분리 등으로 기축통화의 일부 조건을 충족하지 못하는 한계가 있다.

● 국제 결제 시 통화 비율 순위(2022년 1월 기준) ●

순위	국가명	비율(%)	순위	국가명	비율(%)
1	미국 달러	39.92	11	스웨덴 크로나	0.67
2	EU 유로	36.56	12	스위스 스위스프랑	0.64
3	영국 파운드	6.30	13	노르웨이 크로네	0.63
4	중국 위안	3.20	14	폴란드 즈워티	0.54
5	일본 엔	2.79	15	덴마크 크로네	0.36
6	캐나다 달러	1.62	16	말레이시아 링깃	0.36
7	호주 달러	1.25	17	남아프리카공화국 랜드	0.28
8	홍콩 달러	1.13	18	뉴질랜드 달러	0.25
9	싱가포르 달러	0.93	19	멕시코 페소	0.20
10	태국 바트	0.75	20	헝가리 포린트	0.18

자료: 국제은행간통신협회

기축통화국의
특권

∴ 달러가 기축통화로 통용되는 것은 미국 경제에 엄청난 혜택을 주고 있다.

첫째, 미국 중앙은행(FED)은 전 세계 어떤 통화와도 교환될 수 있는 달러를 독자적 판단과 권한으로 발행한다. 물론 다른 나라도 자국 화폐를 원하는 만큼 발행할 수는 있다. 하지만 공급량이 많아지면 해당 국가의 화폐가치는 하락을 피할 길이 없다. 화폐 발행 증가에 따른 통화가치 하락은 장기적으로 국제 무역사회에서 해당 국가의 신용도를 저하시키고 물가상승을 일으킨다. 반면 달러는 기축통화이자 글로벌 유통 통화이기 때문에 화폐 발행에 따른 통화가치 하락이나 국가 신용도 저하, 물가상승 효과가타 통화에 비해 매우 작다. 오히려 전 세계적으로 달러가 통용되기 위해서는 달러가 적극적으로 발행되어야 하는 측면도 있다.

둘째, 기축통화국이라는 이유만으로 미 정부의 지출을 위해찍어낸 채권을 전 세계가 매입한다. 미국이 망하지 않는 한 미국채는 달러 현금과 동등하면서도 이자 지급이 가능한 최고의 안전자산으로 평가된다. 이 때문에 세계 주요국들은 국제 무역과 외채 상환을 위해 외환보유고를 쌓거나 투자 포트폴리오를 구축할때 미국채를 매입한다. 미국 정부 재정을 전 세계가 나서서 뒷받

국제 결제에서의 기축통화의 효율성

국제 결제에서의 기축통화의 효율성을 알아보자. 만약 글로벌 230개국이 교역을 한다면 몇 개의 환율이 생길까? 우리나라라면 달러원(USD-KRW), 유로원(EUR-KRW), 엔원(JPY-KRW) 등과 같이 각 나라의 외환 시장과 229개의 환율쌍을 관리하고 거래해야 할 것이다. 반면 모든 통화를 중간에 달러로 먼저 교환하고 거래하면 어떻게 될까? 각 나라가 미리 통화를 달러로 교환하기만 하면 거래가 훨씬 간단해진다. 예를 들어 원화로 엔화를 살 때 먼저 우리나라 외환 시장에서 원화로 달러화를 사고, 다시 일본 외환 시장에서 달러를 팔고 엔화를 사면 되는 것이다. 물론 각 나라의 외환 시장이 외국인에게 개방되어 있을 때 가능한 일이다. 이처럼 국제 거래의 기준이 되는 통화가 있으면 국제 교역과 결제 지불에 있어서 효율성이 높아진다. 이러한 국제 결제의 과정은 개인의 환전에도 그대로 적용된다. 실제로 여행자 A가 은행에서 원화를 유로화로 바꾸면 외환딜러는 원화를 팔아 달러를 사고 달러를 팔고 다시 유로화를 사는 과정을 거친다. 번거롭게 보여도 사실 가장 효율적인 방식이다.

● 기축통화 유무에 따른 효율성 비교 ●

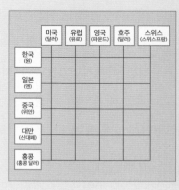

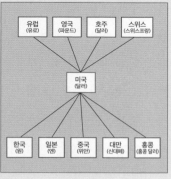

침하고 있는 셈이다. 수요자가 많으니 조달금리도 타국에 비해 낮다. 미·중 무역분쟁이 극에 달했던 트럼프 정권(2017~ 2021년) 당시에도 중국은 전 세계에서 미국채를 가장 많이 매입했다. 최대 채권국의 입장으로 미국 금융 시장에 대한 영향력(중국의 미국채 매매에 따른 미 금리 파급력 강화 등)을 강화시키려는 의도도 있었겠지만, 안전자산이자 글로벌 통화인 미국채를 가장 많이 보유함으로써 국부를 증가시키려는 목적이 더 컸다.

IMF 외환위기 이후 현재까지 우리나라는 수출이 수입보다 많은 무역 흑자국이다. 수입 때문에 결제한 달러보다 수출 후 받은 달러가 많다 보니 국내에 달러가 남는다. 받은 달러는 필요 시 서울 외환 시장에서 팔아 원화로 바꿔 쓰기도 하고, 외화통장에 예치해두기도 한다. 이처럼 무역 흑자국은 달러가 국가 내부로 유입되는 반면, 무역 적자국은 수출로 인해 벌어들인 달러보다 수입으로 결제한 달러가 더 많아 국가 내 달러가 부족해진다. 달러가 부족하면 달러를 차입하거나 외환 시장에서 자국 통화를 팔아 달러를 사서 결제해야 하는데, 이 과정에서 자국 통화의 가치가 하락할 수 있다. 무역 적자가 장기간 이어지면 1997년 IMF 외환위기 때처럼 자국 내 달러가 고갈되고 외화 채무 지불능력이 한계에 달해 IMF에 구제금융을 신청하는 수밖에 없다. 한마디로 국가 부도가 날 수 있는 것이다.

재밌는 것은 미국은 1970년대 이후 약 50여 년간 계속해서

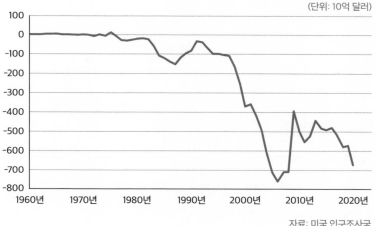

● 미국의 무역 적자 추이 ●

(단위: 10억 달러)

자료: 미국 인구조사국

무역 적자를 이어오고 있다는 것이다. 국제 결제 통화가 자국 통화인 달러이다 보니 미국은 외환 시장에서 자금을 조달할 필요가 없다. 그냥 자국 통화로 결제하면 된다. 자국 내 유통되는 화폐가 부족할 때는 중앙은행이 발행하면 된다. 미국을 제외한 다른 국가들은 상상할 수 없는 특권이 아닐 수 없다.

사실 기축통화국인 미국은 무역 흑자를 내면 기축통화국의 위치를 지킬 수 없다. 달러가 글로벌 구석구석에서 통용되도록 공급해야 하는데 무역 흑자를 내서 전 세계에 있는 달러를 다시 미국으로 걷어오면 국제 결제 통화의 역할을 하지 못하기 때문이다. 미국의 입장에서는 이를 방어하기 위해 무역 적자를 계속 이어가야 한다. 실제로 2000년 들어 미국의 무역 적자는 급격히 확대되었는데, 그만큼 많은 달러화가 타국으로 이전되었다는 의미다.

하지만 기축통화라고 해서 그 가치가 영속되는 것은 아니다. 달러화 발행(공급)이 지나치게 많아지고 경제와 글로벌 산업 경쟁력이 둔화되어 미국이 세계 패권국의 지위를 의심받으면 달러화의 가치도 하락할 수 있다(무역 적자 장기화로 인한 자국 통화가치 하락 위험과 국제 교역 통화로서 글로벌 달러 공급의 필요성이 서로 상존하는 것을 '트리핀의 딜레마'라고 한다). 하지만 수십 년간 세계 최고의 위치를 지켜왔고, 이미 세계 주요국이 달러화를 포기할 수 없을 만큼 많이 보유하고 있는 만큼 앞으로도 상당 기간 이 체계는 유지될 것이다.

물가란
무엇인가?

물가(物價)는 물건의 가격이라는 뜻이지만 경제적 측면에서는 사회 전반적으로 유통되는 여러 가지 상품이나 서비스의 가치를 종합적이고 평균적으로 산출한 개념을 뜻한다. 일반적으로 뉴스나 언론에서 이야기하는 소비자물가지수를 생각하면 이해가 쉽다. 소비자물가지수는 가계의 총 소비지출에서 구입 비중이 큰 500여 개 상품과 서비스 가격의 평균을 지수화한 것으로, 물가상승에 따른 소비자 부담과 구매력 등을 측정하는 데 활용된다.

물건의 가격은 물건을 찾는 수요가 많아지거나 공급이 줄어들면 오르고, 반대로 수요가 감소하거나 공급이 증가하면 내린다. 이 책에서 초점을 두고 있는 유동성 경제에서는 화폐도 물건으로 보고 수요와 공급으로 화폐(물건)가치의 변동을 설명한다. 모든 물건은 수요와 공급의 원리에 의해 가격이 정해진다. 돈도 마찬가지다. 물건은 돈으로 교환되는데, 물건의 양이 정해져 있는 상태에서 시중에 돈의 양이 많아지면 돈의 가치가 하락하고 물건의 환산 가격(물가)이 오른다. 반대로 시중에 돈의 양이 적어지면 물건 대비 돈의 가치가 높아지니 물건의 환산 가격(물가)이 내려간다. 서울 아파트의 수는 제한적인데 초저금리로 시중에 많은 돈이 풀리자 아파트 가격이 폭등한 사례를 떠올리면 이해가 쉽다.

2008년 이후 양적완화가 등장하면서 물건의 수요와 공급보다 통화의 수요와 공급이 물가를 좌우하게 되었다. 즉 시중에 공급되는 통화의 양으로 물건의 가격을 조정할 수 있다는 뜻이다. 중앙은행이 통화량을 조절하면 재화의 가격이 움직인다. 물건의 가격, 즉 물가는 돈의 가치와 반대로 움직인다. 예를 들어 물가가 지속적으로 상승하면 우리가 가지고 있는 돈의 가치는 하락한다. 물가 수준이 5%로 매년 동일하게 올라간다고 가정해보자. 5년 뒤 돈의 가치는 약 22% 하락한다. 단순 계산으로 100원짜리 물건 값이 5년 뒤에는 127원이 된다. 반대로 물가 수준이 매년 5%씩 동일하게 하락하면 5년 뒤 돈의 가치는 약 22% 상승하고 100원짜리 물건 값은 77원까지 하락한다. 따라서 우리는 물가를 추적해 내가 가지고 있는 돈의 가치가 어떻게 움직이는가를 항상 고민해야 한다.

물가상승의
원인

…… 통상적으로 대부분의 상품과 서비스의 가격이 지속적으로 오르는 물가상승 현상을 '인플레이션'이라 부르고, 반대로 상품과 서비스의 가격이 지속적으로 내리는 물가하락 현상을 '디플레이션'이라 부른다. 매스컴에서는 물가상승과 인플레이션, 그리고 물가하락과 디플레이션을 혼용해서 쓰기도 한다.

인플레이션은 두 가지로 구분해서 설명할 수 있다. 먼저 재화와 서비스의 수요는 증가하는데 공급이 따라가지 못해서 생기는 '수요견인 인플레이션', 그리고 원자재 가격 상승으로 재화와 서비스의 생산 비용(공급 비용)이 증가해 발생하는 '비용상승 인플레이션'이 그것이다.

수요견인 인플레이션은 총수요가 총공급을 넘어설 때 나타나는 인플레이션이다. 수요는 증가하는데 완전고용에 근접해 더 이상 신규 고용 등으로 재화나 서비스의 공급을 탄력적으로 늘리지 못할 때 일어난다. 소비와 투자, 정부 지출이 늘어나거나 중앙은

● 수요견인 인플레이션과 비용상승 인플레이션 ●

구분	수요견인 인플레이션	비용상승 인플레이션
정의	· 경기 과열 국면에서 시장의 공급이 수요 증가를 따라가지 못해 물가상승이 이어지는 상태	· 임금, 원자재 가격, 금융 비용(금리) 등 생산 비용의 상승으로 물가상승이 이어지는 상태
원인	· 정부의 재정정책, 소비지출 증가 · 중앙은행의 통화정책(저금리, 양적 완화)	· 원자재 생산, 공급 감소. 특히 원자재 수입 의존이 높은 국가에서 쉽게 발생 · 투기 세력의 원자재 시장 유입
예시	· 2008년 글로벌 금융위기, 2020년 코로나19 팬데믹 이후 미국은 막대한 재정·통화정책 실행. 이후 초저금리 차입 증가 및 자산 가격 상승, 억눌린 소비 폭발	· 2020년 코로나19로 글로벌 공급망 혼란. 각국 유통 공급로 폐쇄로 원자재 등의 병목현상 발생. 원자재 가격 및 물류 인건비 상승 · 2022년 러시아-우크라이나 전쟁으로 국제 에너지, 농산물 등의 가격 급등 · 세계의 공장 중국의 임금 상승(현재진행형), 전략 원자재 수출 제한으로 인한 국제 가격 상승

자료: OECD

행의 통화정책으로 시장 유동성 공급이 확대될 때 발생한다. 반면 비용상승 인플레이션은 대표적으로 유가와 농산물, 비철금속 등의 공급 감소(생산 부진)와 임금 상승 등에 의해 촉발된다. 수요견인 인플레이션과 비용상승 인플레이션은 코로나19 사태 이후처럼 급격한 통화 완화 시기에는 동시에 발발해 물가상승 압력을 가중시킬 수 있다.

인플레이션 게임

스태그플레이션이란
무엇인가?

스태그플레이션(Stagflation)이란 경기 침체를 뜻하는 스태그네이션(Stagnation)과 인플레이션(Inflation)의 합성어로, 경기 침체 상황에서 물가가 오르는 현상을 말한다. 보통 경기가 침체되면 소비, 생산, 고용, 투자가 위축되고 총수요가 감소해 물가가 하락하는 것이 일반적이다. 하지만 화폐가치가 하락하거나 원자재나 농산물 등 필수재의 생산 비용이 상승해 수요와 별개로 물가가 상승하기도 한다.

스태그플레이션 현상이 나타나면 당국은 진퇴양난의 상황에 빠진다. 중앙은행은 최우선 목표인 물가를 잡기 위해 금리를 올리고 시장 유동성을 회수해야 하는데, 이 경우 소비를 더욱 위축시켜 경기 침체를 가속화할 수 있다. 반대로 침체된 경기를 살리기 위해 소비를 유도하고, 유동성을 공급하면 물가가 더욱 상승하는 결과를 가져올 수 있다. 전 세계적인 규모의 스태그플레이션은 1970년대 제1·2차 오일쇼크가 역사상 유일하다. 제1·2차 오일쇼크 이후 전 세계적으로 물가가 상승하고 실업 등의 문제가 심각해지면서 스태그플레이션이 나타났고, 미 연준은 갑작스럽게 불어난 달러를 회수하기 위해 금리를 21%까지 인상했다.

역사상 최악의 인플레이션, 오일쇼크

비용상승 인플레이션이자 스태그플레이션이라 하면 1973년과 1978년에 발생한 제1·2차 오일쇼크가 대표적이다. 둘 다 정치적 마찰에 따른 OPEC 국가들의 석유량 감축이 원인이었다. 그 대가로 글로벌 주요국들은 물가상승과 경기 후퇴, 즉 스태그플레이션을 겪는다. 우리나라도 당시 물가상승률이 20%대 중반까지 상승해 서민 경제에 혹독한 시련을 줬다. 당시 자동차의 공휴일 운행이 금지되었으며 기름 보일러 대신 연탄 난로를 사용하는 등 에너지 절약캠페인이 성행했다. 제2차 오일쇼크 때 우리나라는 석유 의존도가 높은 중화학 공업을 육성하던 시기였는데, 오일쇼크로 경제에 치명적인 타격을 입었고 물가상승과 함께 6·25 전쟁 이후 최초로 마이너스 성장을 했다.

● 제1·2차 오일쇼크와 코로나19 이후의 상황 ●

구분	제1차 오일쇼크		제2차 오일쇼크		코로나19 이후	
발생 기간	1973~1975년		1978~1981년		2020년 2월~ 2022년 6월	
촉발 원인	제4차 중동전쟁. 미국의 원조를 받던 이스라엘이 전쟁에 승리하자 아랍 국가들이 석유 수출을 중단. OPEC의 산유량 감축 동참		이란혁명으로 친미 정권이 물러나고, 반친미 정권이 들어선다. 이후 서방국에 대한 석유 수출 전면 금지		OPEC 국가들과 미국 셰일가스 업계의 이익 극대화를 위한 증산 거부. 러시아의 우크라이나 침략 이후 미국과 러시아 간 교역 중지	
유가	3달러→11.6달러		12.7달러→42달러		62달러→127달러	
국가	대한민국	미국	대한민국	미국	대한민국	미국
소비자 물가지수	3.2%→ 25.2%	6.2%→ 11.1%	14.5%→ 28.7%	6.5%→ 13.6%	0.5%→ 4.6%	1.2%→ 8.3%
경제 성장률	12%→ 6.6%	5.6%→ -0.5%	6.8%→ -1.5%	5.5%→ -0.2%	2.2%→ -0.9%	2.3%→ -3.4%

그로부터 40년 뒤인 2022년 초 코로나19 이후의 상황도 오일쇼크를 연상케 한다. 다만 제1·2차 오일쇼크와는 달리 OPEC의 의도적 감산과 가격 상승보다는 막대한 유동성 공급에 따른 소비 폭발, 러시아-우크라이나 전쟁으로 인한 수급 불균형 심화가 원인으로 꼽힌다. 미 연준이 금리 인상으로 소비를 억제하고 있지만 미국과 유럽, 러시아 간 정치적 마찰이 지속되고 있고, 당장 미 셰일가스 업체나 OPEC 국가들의 증산이 쉽지 않은 상태이다 보니 상당 기간 비용상승 인플레이션이 지속되었다.

코로나19 이후
물가가 급격히 상승한 이유

2021년 들어 확대된 인플레이션은 코로나19 팬데믹 직후 전 세계에 동시다발적으로 시행된 급격한 재정정책과 통화정책으로 인한 수요 폭발, 주요 생산국들의 정치·경제적 이유에 따른 원자재 교역 중단 등 여러 비용 상승이 동시다발적으로 작용해 생긴 결과다. 이들 요인은 과거 비용상승 인플레이션과는 발생 원인이 다르고, 강도와 지속력을 예상하기 어려워 시장의 불안감을 더욱 키웠다. 특히 비용상승 인플레이션은 예상보다 더욱 강력했다. 원인으로는 코로나19 기간 동안 생산설비 투자가 지연된 상태에서 보복소비로 폭발된 수요를 생산이 따라가지 못한 단기적 요인, 러시아의 우크라이나 침공으로 인한 국제 원자재와 농산물 공급 감소, 코로나19 셧다운으로 항만·물류 분야의 노동자 구인난(임금 상승) 등의 중기적 요인이 꼽힌다.

공급이 부족해지자 코로나19 이전부터 우려했던 장기적 요인도 부각되었다. 지구온난화 방어를 위해 전 세계가 탄소중립화를 위해 움직였지만, 대체에너지가 충분히 확충되지 않은 상황에서 진행된 화석에너지 생산설비 감축 흐름은 원유 공급 감소와 맞물리며 에너지 가격 상승을 가속화시켰다. 지난 수십 년간 '세계는 하나'라는 슬로건 아래 심화되었던 글로벌 분업 시스템(글로벌 공급망)은 코로나19 이후 물류·운송 장애와 맞물리면서 심각한 공급 지연으로 이어졌다.

이러한 인플레이션은 미국 연준의 예상과 다르게 장기화되고 있다. 이들 요인이 완화되더라도 세계의 공장 역할을 해온 중국의 인건비 상승과 정치적 마찰에 따른 교역 제한, 미국과 유럽 등의 생산공장 자국 이전(리쇼어링) 움직임에 따른 생산 비용 상승 등은 장기적으로 인플레이션 압력을 키울 것으로 예상된다.

● 2020년 4월~2022년 5월 원자재 가격 상승 ●

원자재 구분	가격	상승폭	상승 원인
유가 (WTI)	배럴당 20달러→115달러	575%	코로나19 확산 기간 동안 유전설비 투자와 기존 설비 정비·보수 지연. 2020년 생산 가능량 감소. 2021년 들어 소비는 증가했으나 OPEC의 증산이 이를 따라가지 못함. 세계 3위 산유국인 러시아에 대한 경제 제재 지속
천연가스	MMbt당 1.6달러→9.0달러	563%	탄소중립화를 위한 풍력 등 친환경 전력 생산이 예상대로 되지 않자 에너지 부족분 보완 위해 LNG발전 급증. 러시아 경제 제재로 천연가스 공급 중단. 러시아는 유럽의 천연가스 40%를 공급
석탄 (호주)	톤당 62달러→410달러	661%	중국과 호주 간 분쟁으로 호주 석탄 수입 중지. 호주의 화웨이 통신장비 퇴출과 코로나19 바이러스 책임 여론에 따른 보복 조치. 중국 전력 생산 중 화력이 차지하는 비중 약 57%이며, 수입량의 절반이 호주로부터임. 중국의 대체국 석탄 수입 비용 급증
철강	톤당 80달러→130달러	163%	중국 철강 수출 부가가치세 환급 중지에 따른 수출 감소(글로벌 공급량 감소). 철강 생산 원료인 석탄 가격 상승
구리·알루미늄 (LME)	· 구리 톤당 5천 달러→ 9,500달러 · 알루미늄 톤당 1,500달러→ 3천 달러	200%	중국 경기 회복, 글로벌 전기차 수요 확대, 차체 및 배터리 구성 원자재인 구리, 알루미늄 수요 급증. 전력난과 탄소중립 정책으로 인한 중국의 생산 감소(시진핑 2020년 9월 2060년까지 탄소중립을 실현한다고 발표). 세계 구리 생산량의 40~50%를 중국이 생산
니켈·리튬· 코발트· 마그네슘 등 (LME)	니켈 톤당 1만 2천 달러→ 2만 8천 달러	233%	EU는 2035년까지 이산화탄소 100% 감축 계획을 발표. 전기차 생산 증가. 배터리 원료 및 차체 경량화 비철소재 수요 증가

원자재 구분	가격	상승폭	상승 원인
반도체	MSCI 세계반도체지수 350→700	200%	코로나19 완화에 따른 주요국 보복 소비 확대. 내구재 및 공산품 구입 증가. 중국 전력난으로 인한 반도체 생산 감소. 베트남, 인도네시아 등 생산국들의 백신 보급 지연과 공장 가동 중단
해운 운임 (BDI)	발틱운임지수 600→3,300	550%	코로나19 확대에 따른 주요 항만 폐쇄. 해상, 항공 및 육로 운송산업 위축. 유가 상승 등의 영향이 더해 지며 운반 비용 급등
옥수수 (CBOT)	부쉘당 340달러→ 780달러	229%	소비심리 확대로 인한 육류, 유제품 수요 증가. 옥수수 등 사료용 곡물 가격 상승. 러시아의 우크라이나 침 공으로 인한 양국의 농산물 수출 급 감. 세계 곡물 공급량 우크라이나는 옥수수 14%, 밀 9%, 보리 10%. 러 시아는 밀 20%, 보리 14%
밀 (CBOT)	부쉘당 540달러→ 1,100달러	204%	

인플레이션 게임

생산자물가
vs. 소비자물가

생산자물가지수와 소비자물가지수는 언론을 통해 자주 언급되는 용어다. 과연 어떤 차이가 있고 무엇을 중점적으로 봐야 할까?

먼저 생산자물가지수(PPI; Producer Price Index)는 기업의 생산원가를 지표화한 것이다. 하나의 제품은 생산과 유통 과정에서 여러 단계를 거쳐 최종 소비자에게 전달되는데, 최초 생산자가 원자재를 투입해 만드는 1차 단계에서 생산되는 모든 재화 및 서비스의 평균 가격을 생산자물가지수라고 보면 된다. 구성 종목은 농림수산품, 목재, 섬유, 가죽, 석유, 전력, 화학제품, 금속, 비철

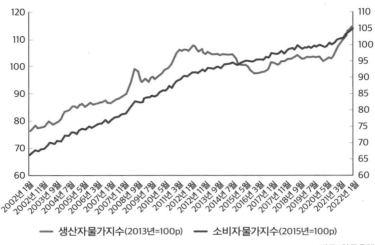

● 우리나라 과거 20년 CPI, PPI 추이 ●

범례: 생산자물가지수(2013년=100p) 소비자물가지수(2015년=100p)

자료: 한국은행

금속, 광물제품을 비롯해 1차 제품을 생산하기 위해 필요한 일반 기계 및 전기·전자 장비, 운송장치 등을 포함한다. 소비자물가지수(CPI: Consumer Price Index)는 가계에서 최종 소비하는 상품과 서비스의 가격을 지표화한 것으로 식료품, 외식비, 가정용품, 수도, 전기, 연료, 교통비, 교육, 오락·문화 등 의식주에 필요한 대부분의 비용을 포함한다. 두 지수는 가계의 총 소비지출에서 각 품목이 차지하는 지출 비중대로 가중치를 적용해 산출한다.

우리나라 과거 20년간 생산자물가지수와 소비자물가지수 추이를 보면, 2008년 글로벌 금융위기 이전까지만 해도 글로벌 경제의 완만한 성장 흐름 속에서 소비자물가지수와 생산자물가지수는 동반 상승했다. 2010년부터 코로나19 이전까지 셰일가스 개발 등의 영향으로 유가가 횡보하며 생산자물가지수는 안정을 찾았지만, 글로벌 주요국의 유동성 공급으로 소비자물가지수는 지속적으로 상승했다.

생산자물가지수는 일반적으로 소비자물가지수에 2~3개월 선행해서 움직이는 것으로 알려져 있지만 반드시 같이 움직이지는 않는다. 유가 등 국제 원자재가 올라 생산자물가가 상승해도 해당 국가의 경기가 둔화되고 소비심리가 위축되면 소비자물가 상승으로 이어지지 않을 수 있다(생산자물가지수를 구성하는 상당 부분의 품목이 연료, 화학제품 등 원유에서 파생된 것이 많아 유가와 높은 상관관계를 보인다).

코로나19 이후 일본과 유럽의 지표를 보면 글로벌 원자재 가격 상승으로 생산자물가지수는 크게 상승한 반면, 성장 부진에 따라 소비자물가지수의 상승률은 상대적으로 미미했다. 소비는 생산 비용의 영향에서 비교적 독립적인 반면, 생산은 소비의 영향 아래 있다. 생산이 늘어도 소비는 늘지 않을 수 있지만 소비가 늘면 생산도 함께 증가한다. 따라서 정부와 중앙은행은 소비자물가지수를 기준으로 정책을 조절한다. 하지만 소비 수요가 안정적이고 완만히 성장하는 경제에서는 생산자물가 상승분이 곧 소비자물가 상승으로 이어지기 때문에 생산자물가지수도 면밀히 모니터링해야 한다.

● 유가와 생산자물가지수 추이 ●

—— 원유(WTI) —— 생산자물가지수(2015년=100p)

자료: 인포맥스

물가의 상승과 하락,
어느 것이 좋을까?

⋮

⋯ 그렇다면 물가는 오르는 것이 좋을까, 내리는 것이 좋을까?
이 질문의 답은 내가 현금을 들고 있느냐, 물건을 들고 있느냐에
따라 다르다. 통계를 보면 우리나라 사람의 가계자산 구성 중 상
당 부분은 현금보다는 부동산과 자동차, 현금이 아닌 금융자산
등인 것으로 나타났다.

우리나라뿐만 아니라 글로벌 주요국의 자산 비중도 대동소이

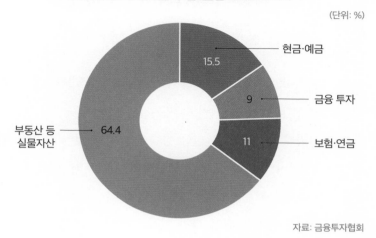

● 우리나라 가계자산 구성 현황(2020년 기준) ●

(단위: %)

현금·예금 15.5

금융 투자 9

보험·연금 11

부동산 등 실물자산 64.4

자료: 금융투자협회

하다. 현금, 즉 돈을 그대로 들고 있는 비중보다 금융자산이나 비금융자산(실물자산)을 소유한 비중이 훨씬 더 크기 때문에 물가가 하락할 경우 더 큰 타격을 입게 된다. 물가가 하락하면 식료품 등 생필품의 가격이 내려가니 긍정적으로 보일 수 있지만, 오랜 기간 쌓아올린 자산의 가격이 하락하면 소비심리는 크게 악화된다. 생필품의 물가가 10% 하락하는 것과 대출이 껴 있는 부동산 가격이 10% 하락하는 경우를 비교해보면 이해가 쉽다.

반면 물가가 상승하면 실물자산 가격 또한 함께 올라간다. 경제구성원의 입장에서는 보유한 자산의 가격이 올라가니 심리적으로 안정감을 느낄 수 있다. 기름과 식료품 등 생필품의 가격은 다소 오를 수 있지만 보유한 자산의 환산가치 상승으로 소비심리에는 긍정적인 영향을 미친다. 하지만 물가상승이 무조건 좋은 것일까? 지나친 물가상승은 그 나라 돈의 가치를 크게 하락시킨다. 이러한 현상이 심화되면 해당 국가의 화폐는 신뢰도가 떨어져 외국인 투자자금을 이탈시킬 수 있다. 또한 물가상승은 원자재 가격과 임대료를 상승시키고, 자본가와 노동자 사이의 양극화를 심화시킨다. 노동자들은 임금 상승을 요구할 것이고, 이로 인해 재화와 서비스 가격이 또다시 상승하는 이른바 '인플레이션 소용돌이'라고 불리는 악순환에 빠질 수 있다.

한편 물가 안정을 위한 금리 인상은 기업과 가계의 금융 비용(대출 이자) 증가로 이어져 소비와 투자를 감소시키고, 실물경제 둔화로 이어질 수 있다. 이 때문에 물가는 하락하거나 혹은 지나치게 상승해서는 안 되며 부작용이 발생하지 않도록 매년 일정한 비율로 완만하게 상승해야 경제가 선순환 구조를 유지할 수 있다.

2% 경제 성장과
2% 물가상승의 중요성

'한국은행은 왜 존재할까? 무엇을 위해 운영되고 있는가?' 이 물음의 답은 한국은행 홈페이지를 통해 알 수 있다.

'한국은행은 효율적인 통화신용정책의 수립과 집행을 통해 물가 안정을 도모함으로써 나라 경제의 건전한 발전에 이바지합니다.'

어떤 경제 현상보다 물가하락(디플레이션)이나 급격한 물가상 승으로 인한 피해가 크기 때문에 물가 안정을 최우선 과제로 삼 아 통화정책을 수행하고 있는 것이다. 물가 안정 없이는 경제 성 장도 큰 의미가 없다. 경제성장률보다 물가상승률이 지속적으로 높다면 실제로는 그 경제는 역성장, 즉 후퇴를 하고 있는 것이다 (이와 관련한 실질과 명목의 개념에 대해서는 후술하겠다). 안정적이지 못하고 변동이 큰 물가도 문제가 된다. 물가가 들쭉날쭉하다면 가계와 기업은 소비, 생산 등의 경제 활동을 일관성 있게 추진하 기 어려워진다.

그렇다면 얼마만큼의 인플레이션이 이상적일까? 물가상승으 로 인한 부작용을 최소화하고 경제가 선순환 구조를 유지할 수 있는 최적의 물가상승률은 얼마일까? 우리나라를 비롯해서 미국, 유럽, 일본 등 가파른 경제 성장 시기를 끝마치고 저성장·저금리 국면에 들어선 수많은 선진국은 2% 물가상승을 목표로 한다.

'2%' 물가 목표치는 경제구성원들이 경제 활동을 하는 데 가 장 이상적인 수치라 할 수 있다. 보유 실물자산의 가치와 임금의 완만한 상승으로 미래 소비를 앞당기고, 원자재와 생필품 등의 물가상승이 크게 체감되지 않아 소비 위축으로 이어지지 않을 정도의 물가상승률이 바로 2%다. 이 경우 가계나 기업의 경제 활동 역시 미리 계획한대로 원활하게 움직일 수 있다. 여기에 더해 역성장을 하지 않을 정도의 실질경제 성장, 즉 2% 이상의 경제 성장이 더해진다면 해당 국가의 경제는 선순환 구조라고 평가할 수 있다.

인플레이션 게임

- 과거 25년의 순자본 계정을 보면 가계, 기업, 정부 모두 경제 상황과 큰 관계없이 비금융자산 및 금융자산의 가격이 우상향한 것을 알 수 있다.

- 양적완화는 전통적 통화정책인 금리 조절보다 강력하고 즉각적인 효과를 나타내는 거부할 수 없는 마약과 같은 파격적인 조치다. 정부의 확대 재정정책과 더불어 앞으로도 반복될 것이고, 이렇게 풀린 유동성은 실물자산 시장으로 유입되어 자산 가격 상승과 인플레이션을 유발할 것이다.

- 경제가 선순환 구조를 유지하며 완만히 성장하기 위해서는 적절한 물가상승, 즉 인플레이션이 반드시 동반되어야 한다.

- 글로벌 경제의 방향과 경제순환사이클을 판단하기 위해 빅4 국가를 면밀히 살펴봐야 한다. 이들 국가의 경제지표 추이와 이에 따른 재정·통화정책의 변화를 통해 글로벌 유동성의 방향과 흐름을 유추할 수 있다.

- 달러가 기축통화로 통용되는 것은 미국 경제에 엄청난 혜택을

주고 있다.

- 통상적으로 대부분의 상품과 서비스의 가격이 지속적으로 오르는 물가상승 현상을 '인플레이션'이라 부르고, 반대로 상품과 서비스의 가격이 지속적으로 내리는 물가하락 현상을 '디플레이션'이라 부른다.

- 스태그플레이션(Stagflation)이란 경기 침체를 뜻하는 스태그네이션(Stagnation)과 인플레이션(Inflation)의 합성어로, 경기 침체 상황에서 물가가 오르는 현상을 말한다.

- 우리나라를 비롯해서 미국, 유럽, 일본 등 가파른 경제 성장 시기를 끝마치고 저성장·저금리 국면에 들어선 수많은 선진국은 2% 물가상승을 목표로 한다.

2장

중앙은행과 정부의 정책공조

"위험은 자신이 무엇을 하는지
모르는 데서 온다."

_워런 버핏

정부의 재정정책, 중앙은행의 통화정책

가계와 기업, 정부는 국가 경제를 구성하는 3대 주체다. 이 중 주인공은 역시 가계와 기업이다. 정부도 소비와 지출을 하지만 가계와 기업이 없으면 수입(세금)도 없기에 조연에 불과하다. 대신 정부는 주인공(가계와 기업)이 건강하게 경제 활동을 하고 동반 성장할 수 있도록 질서를 유지하고, 인프라를 구축하고, 올바른 경쟁 환경을 조성하는 관리책임자의 역할을 한다. 그리고 그 임무 수행에 소요되는 비용을 가계와 기업으로부터 얻은 세금으로 충당한다. 정부는 가계와 기업이 최대의 경제적 결과를 낼 수 있도록 예산을 효율적으로 소비해야 한다. 한편 중앙은행은 경제 주체는 아니지만 경기가 침체 또는 과열되지 않도록 돈의 가치를 움직여 주인공인 가계와 기업의 활동을 조절하는 컨트롤타워 역할을 한다. 정부처럼 세세하게 미시적으로 움직일 수는 없지만 좀 더 크고 거시적으로 경기 흐름을 조율한다.

정부와 중앙은행은 경제 성장이라는 공통된 목표를 가지고 각자 고유의 정책을 펼친다. 정부의 재정정책과 중앙은행의 통화정책이 그것인데, 경기 변동폭이 작고 예측 가능할 경우 이들의 정책은 독립적이고 개별적으로 실행되지만 글로벌 금융위기나 코로나19 사태처럼 예상치 못한 큰 충격이 왔을 때는 공조하는 모습을 보인다. 재정·통화정책이 함께 실행되면 파급력이 매우 커진다. 정부와 중앙은행의 정책은 시중 유동성 공급 신호와 자산가치 상승을 예측하는 데 매우 중요한 지표이므로 반드시 명확히 이해해야 한다.

정부의
재정정책

···· 먼저 재정정책은 정부의 수입과 지출을 조절하는 정책을 말한다. 경제가 침체 국면에 있을 때 정부는 세금을 낮춰 가계와 기

업의 소비와 투자를 촉진하거나(수입 조절방법), 정부 지출을 예산보다 늘려 가계와 기업의 소득 증가 및 소비 활성화로 이어지는 방법(지출 조절방법)을 사용한다. 경제의 사이클에 따라 예산 대비 정부 지출이 달라지기 때문에 정부 재정은 흑자(세수>지출)가 나기도, 적자(세수<지출)가 나기도 한다.

2008년 글로벌 금융위기 이후 코로나19 사태가 벌어진 최근까지 저성장·저금리 국면이 지속되자 글로벌 주요 국가들은 플러스 성장을 이어가기 위해 재정지출을 늘려 소비를 이끌어내는 적자 재정정책을 확대했다. 특히 코로나19 이후 취약계층 보호와 보건정책 강화 등으로 재정 적자폭이 급격히 확대되었는데, 이는 미래 세대가 감당해야 하는 정부의 부채이므로 정책 효과를 고려해 적절히 사용되어야 할 것이다.

그럼 정부 지출은 어떻게 민간소비로 이어질까? 한 국가 내에서 구성원 A의 지출은 재화와 서비스를 제공한 B의 소득으로 이어진다. A의 지출이 늘어나면 그만큼 늘어난 재화와 서비스 수요를 생산하기 위해 공급자 B는 고용을 늘린다. 경기 둔화를 방어하기 위한 정부의 지출(소비)도 마찬가지다. 정부는 경제구성원인 가계와 기업의 지속 가능한 소득 창출이 가능하도록 보건, 교육, 건설, 공공행정 등 다방면으로 소비해 해당 분야 기업의 매출 증가와 고용 확대(유지)를 유도한다. 재정지출로 인한 기업의 고용 증가는 곧 가계의 소득 증가로 이어져 소비를 확대시킨다.

한편 코로나19와 같은 예상치 못한 경제 충격에는 일반적인 재정지출과 함께 직접적으로 피해를 입은 가계와 소상공인, 중소기업 등에 대해 실업수당, 손실보상금, 재난지원금과 같은 직접보조금을 지원하기도 한다. 가계 소비 위축을 보다 적극적으로 방어하기 위함이다.

정부 재정 적자의 폐해도 살펴봐야 한다. 정부는 각 부처별 예산 계획을 취합해 전년도 연말 국회의 승인을 받아 올해 1년 동안 지출한다. 정부 예산은 연간 예상되는 세금 수입과 정부자산 운용수입을 기초로 편성되는데, 만약 경제가 둔화 또는 침체 국면에 접어들면 정부 수입 또한 줄어든다. 수입이 줄면 정부지출 여력도 줄어 경제가 악순환에 빠질 수 있다. 정부는 이를 방어하고자 예정된 예산보다 지출을 늘려 경기를 부양하는데, 이때 사용되는 예산이 바로 추가경정예산(이하 '추경')이다.

2008년 글로벌 금융위기 이후 우리나라 정부 예산은 대부분 적자였다. 정부는 2008년 글로벌 금융위기를 비롯해 2013년 유럽발 경제위기와 중국 경제 둔화 우려, 2020년 코로나19 사태 당시 경기 둔화를 방어하기 위해 추경을 지속적으로 집행했다. 추경은 미래 정부의 수입을 담보로 한 빚의 개념이다. 경기를 부양해 미래 세금으로 갚아야 하는 것이다. 추경까지 편성해 경기 둔화를 방어했는데 경기가 살지 않으면 정부의 재정 적자는 계속 확대될 수밖에 없다. 그럼에도 정부가 신청한 추경은 여야의 승

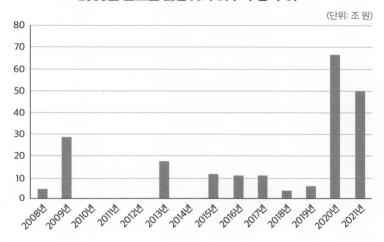

● 2008년 글로벌 금융위기 이후 추경 추이 ●

(단위: 조 원)

자료: e-나라지표

인을 받아 국회를 통과한다. 여당은 정부와 함께하고, 야당은 경제의 발목을 잡는다는 오명을 쓰지 않기 위해 승인할 수밖에 없다. 현 정부가 경기 부양에 성공하면 협치에 성공한 셈이고, 실패하면 정부 부채와 함께 야당의 입지는 확대되니 선택은 어렵지 않다.

문제는 포퓰리즘성 추경이다. 가장 효율적인 곳에 지출되어야 할 예산이 선거철 표심용으로, 정부 지지율 방어용으로 사용된다면 경기 부양 효과 없이 빚만 늘어나는 결과를 가져올 것이다. 실제로 우리나라의 정부 부채 규모는 지속적으로 확대되고 있다. 경제 성장(GDP)은 미진한데 정부 부채만 늘고 있는 것이다.

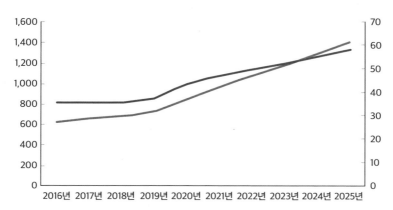

● 우리나라 정부 부채 확대 추이 ●

—— 정부 부채(조 원)　—— GDP 대비 비율(%)

* 2021년 이후는 추정치
자료: 통계청, 기획재정부

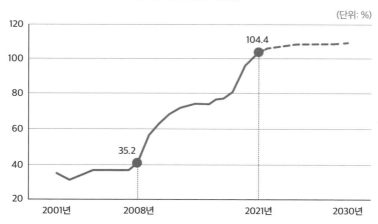

● 미국 국가 채무 비율 ●

(단위: %)

104.4

35.2

* 회계연도 기준 GDP 대비 비율. 2021년 이후는 추정치
자료: 미 의회예산국

GDP 대비 정부 부채의 비중은 2016년 36% 수준에서 불과 5년 만에 50%에 육박했다. 저성장, 저출산, 고령화와 직면한 현 상황에서는 좀 더 엄격한 정부 재정 준칙이 필요해 보인다. 정부 부채의 증가는 미국도 마찬가지다. 특히 2020년 코로나19 이후 2년 동안 증가한 미국 정부 부채는 과거 50년간(1950~2000년) 쌓아올린 5조 달러보다도 많은 6조 달러에 달한다.

중앙은행의
통화정책

··· 통화정책은 중앙은행이 적정 물가상승과 함께 경제가 완만히 성장할 수 있도록 시중에 유통되는 돈의 양과 금리를 조절해 화폐의 가치를 움직이는 일련의 정책을 뜻한다. 화폐의 가치 변동은 중장기적으로 물건의 가격, 물가를 변동시킨다. 앞서 언급한 중앙은행의 존재 목적인 '물가 안정'이 바로 통화정책을 통해 이행된다. 원론적으로는 통화량과 금리를 적정 수준까지 변경하는 것을 '정책 운용 목표'라고 하고, 운용 목표를 달성하기 위한 공개시장운영(Open Market Operation, 공개시장조작) 등의 조치를 '통화정책 수단'이라고 한다. 그러나 통상 따로 구분 없이 기준금리 조정과 유동성 공급과 관련한 모든 조치를 통화정책이라 지칭한다.

대부분의 국가에서 시행되는 일반적인 통화정책으로는 역시 기준금리 조정이 대표적이다. 그리고 중앙은행이 금융기관이 보유한 국공채 등의 채권을 매입해 시중에 유동성을 공급하거나, 채권을 매도해 유동성을 회수하는 공개시장운영도 빈번히 사용된다. 이 밖에 시중은행이 예금의 일정 비율을 중앙은행에 의무적으로 예치해야 하는 지급준비율을 조정하거나, 시중은행의 일시적 자금 과부족을 해결하기 위해 중앙은행에 대출·예치할 수 있는 여수신제도 등의 방법이 있다.

1. 정책의 시작과 끝, 기준금리 조정

'기준금리 인상' '기준금리 인하'라는 말은 경제에 전혀 관심이 없는 사람일지라도 한 번쯤 뉴스를 통해 들어봤을 것이다. 중앙은행은 기준금리 인하를 통해 어떤 경로로 경제 전체의 유동성을 조절할까?

먼저 기준금리란 은행 간 자금대여 시장에서 거래되는 금리를 말한다. 시중은행은 전체 예금 중 일부를 고객에게 언제든 지급할 수 있도록 중앙은행에 예치해야 하는데, 이를 지급준비금이라 한다. 시중은행은 지급준비금을 유지하면서 나머지 예금은 주로 대출을 통해 시중에 공급한다. 예금과 대출의 유출입에 따라 지급준비금이 부족해지거나 남는 경우가 빈번하게 발생한다. 이때 시중은행은 다른 은행에 자금을 잠시 빌리거나 빌려주기도 하는데, 이러한 은행 간 자금대여 시장을 '콜시장'이라 하며 기준이 되는 금리를 '콜금리'라고 부른다.

한편 은행은 일반 시중은행이 아닌 중앙은행에서도 자금을 빌릴 수 있는데, 이때는 직접 대출을 받거나 초단기 환매조건부채권(RP; RePurchase agreement)을 통해 자금을 대여한다. 환매조건부채권은 중앙은행이 시중은행이 발행한 채권을 매입하고 자금을 빌려준 다음 일정 기간 뒤에 다시 팔아 자금을 회수하는 조건이 붙어 있는 채권을 말한다. 일종의 초단기 대출이라 생각하면 된다. 지급준비금이 부족한 은행은 이처럼 다른 시중은행이나 중앙은행을 통해 자금을 직접 대여하거나, RP 거래를 통해 지급준비금을 유지한다.

대부분의 중앙은행은 이러한 시중은행들 간, 그리고 중앙은행과 시중은행 간 자금 거래에 적용되는 금리를 기준금리로 삼고 있다. 참고로 미국은 은행 간 대출인 콜시장에서 사용하는 연방기금금리(FFR; Federal Funds Rate)를 기준금리로 삼고, 우리나라는 7일물 RP에 적용되는 입찰금리를 기준금리로 사용한다.

A은행과 B은행의 사례를 보자. A은행과 B은행은 총예금 중 일부를 지급준비금으로 중앙은행인 한국은행에 예치해야 한다. 한국은행은 한 달에 한 번 지급준비금을 점검하는데, 이때 A은행과 B은행은 부족액을 한국은행에서 RP 거래를 통해 조달하거나 은행 간 자금대여 시장인 콜시장에서 대여한다.

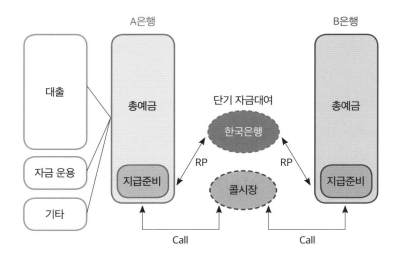

● 지급준비금과 은행 간 자금대여 ●

이처럼 은행 간 자금 거래는 경제와 금융 시장의 가장 원초적이면서도 기초가 되는 초단기 금리 시장을 형성한다. 만약 이 기준금리가 변동되면 소매금리인 예금금리 및 대출금리도 즉각 조정되며, 연이어 시장에서 거래되고 있는 모든 장단기 금리연계 상품의 가격 변동을 초래한다. 그리고 그 과정에서 경제 전반의 유동성의 양이 변화한다.

2. 중앙은행의 증권 매매, 공개시장운영

공개시장운영은 중앙은행이 보유하고 있는 국공채나 통화안정증권, 주택담보증권(MBS) 등을 공개 시장을 통해 팔거나 금융기관으로부터 매입해 시중 통화량을 조절하는 정책을 말한다. 현재 우리나라를 포함해 미국과 유럽 등의 주요국이 기준금리 조정과 함께 대표적으로 사용하고 있는 통화정책이다. 만약 중앙은행이 시중에서 증권을 매입하고 현금으로 결제하면 은행에 유입된 현금은 신용창출 과정(대출 등)을 통해 가계와 기업으로 흘러 들어가고 시중 유동성이 확대된다. 반대로 중앙은행이 증권을 매도하면 은행 현금이 중앙은행으로 회수되어 시중 유동성이 감소한다. 공개시장운영은 수단이 용이하고 대규모 자금 집행이 가능하기 때문에 통화정책 수단 중에서도 시중 유동성 조절에 가장 큰 영향을 미치는 정책이다. 양적완화 정책의 기본 바탕이기도 하다. 모두들 잘 알고 있는 미국의 통화정책회의 FOMC가 바로 연방공개시장운영위원회(Federal Open Market Committee)의 약자다. FOMC는 기준금리 결정과 함께 공개시장운영 강도를 정한다.

3. 그 외: 여수신제도와 지급준비제도

여수신제도는 중앙은행이 시중은행을 상대로 대출을 해주거나 예금을 받는 정책을 말한다. 일반적으로는 일시적으로 자금이 부족하거나 남는 금융기관으로 하여금 원활한 자금 운용을 지원하기 위해 도입되었지만 현재는 중소기업, 소상공인 등 경제 주체에 대한 대출 지원 등의 역할도 함께 한다. 만약 중앙은행이 저리의 정책 자금을 편성하면 시중은행을 통해 유동성이 필요한 경제 주체에게 유입될 수 있다.

한편 지급준비제도는 고객의 인출 요구에 시중은행들이 상시적으로 대응할 수 있도록 고객의 예탁금 중 일정 비율을 중앙은행에 의무적으로 예치하도록 하는 제도다. 중앙은행은 지급준비금 비율(지준율)을 조정해 시중 유동성을 조절할 수 있다. 만약 지준율을 높이면 시중은행의 보유 현금이 중앙은행으로 흡수되어 시중 유동성이 줄어들고, 반대로 낮추면 유동성이 늘어난다. 한편 지급준비금을 초과하는 예치금을 초과지급준비금이라고 한다. 지준율을 조정하는 통화정책은 현재는 잘 사용하지 않고 있다.

통화정책의
파급효과

경제가 둔화 또는 침체 국면에 들어서면 중앙은행은 경기 부양을 위해 기준금리를 낮추고 공개시장운영을 통해 시장에 유동성을 공급한다. 기준금리 인하와 채권 매입에 의해 시장금리는 하락하고, 이에 저축은 감소하고 소비와 투자를 위한 저리의 자금 차입 수요가 늘어나면서 시중 유동성이 증가한다. 소비 증가는 생산, 고용 확대를 거쳐 다시 가계소득 증가로 연결되고, 이는 다시 '소비 증가-생산 증가-투자 증가-고용 증가'의 선순환 구조로 이어져 결국 경기 회복을 이끈다. 한편 금리 인하로 인해 유동성 공급 기조가 이어지면 물가상승 압력이 나타날 수 있는데, 이때 주식과 부동산 등 자산 가격이 동반 상승하기도 하며 소비심리가 더욱 개선된다.

기준금리 인하는 주식·채권 등 원화 표시 금융자산의 수익률 감소로 이어져 단기적으로 외국인 투자자들의 이탈로 이어질 수 있다. 이때 외국인 투자자들은 원화를 팔고 달러를 사서 나가므로 달러원 환율은 상승 압력을 받는다. 하지만 좀 더 길게 보면 높은 환율(달러 대비 원화가치 하락)은 무역 거래에 있어 제품에 대한 가격경쟁력으로 작용한다. 수출이 증가하고 기업 실적과 무역수지가 개선되는 긍정적인 효과가 있다(무역수지 흑자는 다시 환율 하락 압력으로 작용한다).

반대로 시장이 과열 국면에 접어들었을 때는 금리 인상을 통해 시중 유동성을 흡수한다. 금리 인상은 대출 수요 감소로 이어지고, 예금이 증가하면서 시중 유동성은 감소한다. 기대출자의 경우 이자 부담 확대로 소비가 감소하고 이는 기업의 생산, 고용, 투자 감소로 이어질 수 있다. 또한 경제 전체의 총수요가 감소하면 물가하락 압력으로 작용한다.

한편 금리 인상은 원화 투자자산에 대한 수익률 증가로 이어져 원화 수요가 증가하게 된다. 금융자산 매입을 위해 외국인 투자자들이 달러를 팔고 원화를 사기 때문에 달러원 환율은 하락

● 금리 인하의 파급효과 ●

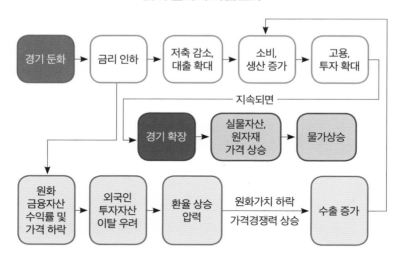

● 금리 인상의 파급효과 ●

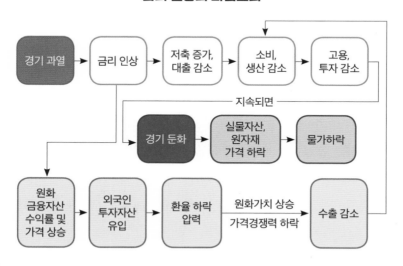

인플레이션 게임

압력을 받는다. 원화의 강세는 글로벌 교역 시장에서 우리나라 제품의 가격경쟁력 약화로 이어져 수출은 감소하고, 수입은 늘어나며, 기업 실적 악화와 함께 무역수지가 감소할 수 있다.

재정정책 vs. 통화정책, 어떤 것이 좋을까?

만약 산불이 났을 때 진화를 한다면 소방차의 지상 살수는 재정 정책에, 소방헬기의 공중 살수는 통화정책에 비유할 수 있다. 재 정정책은 규모는 작지만 불이 번지지 않도록 가장 급한 곳에 효 과적으로 살수할 수 있는 반면, 소방헬기는 다량의 소화약재를 넓은 지역에 흩뿌릴 수 있다.

　재정정책의 가장 큰 장점은 정부 지원이 필요한 곳에 직접적 인 지원이 가능하다는 것이다. 얼마 전 코로나19의 거리두기 정 책 등으로 타격을 입은 소상공인과 중소기업에 대한 선별적이고 비교적 정확한 직접적 지원이 있었다. 이러한 지원은 정부의 재정정책을 통해서만 가능하다. 하지만 재정 확대를 위한 추경을 위해서는 국회의 심의·의결이 필요하기 때문에 정책의 적시성이 통화정책에 비해 비교적 떨어지는 단점이 있다(물론 코로나19와 같은 긴급한 상황에서는 빠르게 의결·집행이 가능하다). 반면 통화정책은 독립기관인 한국은행에 의해 즉각적인 실행이 가능하다. 시중의 돈이 은행 등 금융기관을 통해 돌아서 공급되기 때문에 효과를 보기까지 시차가 발생할 수 있지만, 중앙은행이 유동성을 공급한다는 발표만으로도 시장심리가 개선될 수 있다. 하지만 불특정 다수, 국민 전체를 대상으로 적용되기 때문에 재정정책과 같은 특정 부문의 지원이 어렵다는 단점이 있다.

통화정책은 중앙은행의 판단에 따라 보다 장기적인 운용이 가능하다. 경제가 계속 침체 국면에서 벗어나지 못하면 일본과 유럽처럼 8~20년 이상 장기간 제로금리 수준을 유지할 수도 있다. 반면 재정정책은 정부 수입 이상으로 계속해서 지출을 늘릴 수 없다. 정부 부채는 미래의 세금과 기금 수입으로 갚아야 할 부채다 보니, 무작정 확대했다가는 정부(국가)가 부도에 내몰릴 수 있기 때문이다.

통화정책은 밀물과 썰물처럼 통화를 조절해 중장기적으로 돈의 가치를 변동시키는 반면, 재정정책은 정부의 소비지출을 통해 정부, 기업, 개인 간의 돈이 회전될 수 있게 해준다. 이처럼 재정정책과 통화정책은 정책의 효과와 장단점이 다르기 때문에 경제가 침체 또는 둔화 국면에 있을 때는 통화정책과 재정정책이 서로를 보완하며 함께 시행되는 경우가 많다.

통화정책과 재정정책을 남발할 수 없는 이유

… 2008년 글로벌 금융위기 이전까지만 해도 자본주의의 역사에서 금리는 항상 플러스(+)였다. 은행에 예금하면 이자를 받고 대출을 받으면 이자를 지급해야 하는 것은 당연했다. 18~19세기 산업화가 진행되고, 20세기 말까지 미국을 비롯한 주요국의 경제가 제조업, 서비스업 중심으로 고도성장한 시기에는 경제구성원의 수요 증가에 따라 높은 물가상승이 동반되었다. 중앙은행은 과도한 물가상승으로 인한 부작용을 제어하기 위해 적정 수준의 금리를 유지하며 시장 유동성을 조절했다. 하지만 21세기 들어 제조업이 쇠퇴하고 물리적 노동력이 크게 필요하지 않은 지식집약적 산업의 시대로 접어들면서 주요국들의 경제는 저성장 국면에 진입하기 시작했다.

각국의 중앙은행은 경기 부양을 위해 금리를 지속적으로 내리기 시작했고, 2008년 글로벌 금융위기를 계기로 금리는 0%에 근접한다. 자본주의의 역사와 함께했던 플러스 금리 시대가 막을 내린 것이다. 금리가 0이 되거나 마이너스(-)가 되면 이자는커녕 보관 비용을 지불해야 하기 때문에 은행에 예금할 유인이 떨어진다. 예금이 이탈하면 신용창출 역할을 하던 은행의 역할이 약화되고, 시장 유동성 공급이 어려워질 수 있다. 또한 제로금리 이후에 실행되는 양적완화의 경우 풀린 유동성이 기업 투자로 이어지지 않고 실물자산 시장으로 유입되어 원자재, 부동산, 주식 등의 가격 상승으로 이어진다. 이는 자산 버블과 함께 빈부격차를 심화시킨다. 유동성으로 경제를 강제 부양한 미국과 유럽, 일본 등 주요국들이 겪고 있는 공통된 부작용이다.

한편 정부의 예산을 벗어난 정부 지출은 초과 세입, 기금, 세계잉여금, 여유자금 등으로 충당된다. 하지만 규모가 클 경우에는 국채 발행을 통해 재원을 충당하는 수밖에 없다. 실제로 2016~2018년에는 초과 세입, 기금, 세계잉여금, 여유자금으로 자금을 조달했지만 코로나19가 시작된 2019년 이후에는 기금과 여유자금, 국채 발행으로 자금을 조달했다. 이후 2020년 네 차례 편성된 추경은 대부분 국채 발행으로 재원을 조달했다. 하지만 국채 발행으로 인한 정부 지출로도 경기가 활성화되지 않으면 불어난 국채의 원금과 이자 상환 부담이 악재로 작용한다. 악순환이 반복될 경우 원리금을 갚지 못해 정부 파산(국가 부도)에 이를 수도 있다.

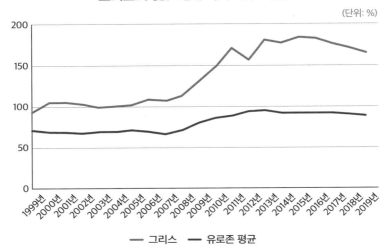

● 그리스의 GDP 대비 국가 채무 비율 ●

(단위: %)

━ 그리스 ━ 유로존 평균

자료: 유로스태트, 옥스포드 이코노믹스

2008년 글로벌 금융위기 이후 글로벌 경제가 침체되자 그리스 정부 역시 자국 경기를 부양하기 위해 재정정책을 확대했다. 특히 2009년부터 2015년까지 재정 적자 비율이 급격히 증가했다. 그리스의 산업 구조는 관광업, 해운업, 농업에 집중되어 있다. 2000년대 들어 해운업과 농업이 쇠퇴하고 코로나19 팬데믹으로 관광산업마저 위축되자 큰 폭의 재정지출에도 경제에 활력이 돌지 않았다. 여기에 인구의 약 10%에 달하는 공무원 비중과 과도한 복지정책, 낮은 노동생산성, 그리고 정치인들의 포퓰리즘 정책 남발로 정부 재정은 날로 악화된다. 결국 발행된 국채의 원금과 이자를 상환하지 못하는 지경에 이르자 디폴트 위기에 빠진 그리스는 2010년부터 2015년까지 세 차례에 걸쳐 IMF와 EU로부터 구제금융을 지원받는다. 제3차 구제금융 전까지 그리스의 재정 적자는 GDP의 183%까지 치솟았지만, 이후 EU와 IMF의 강도 높은 긴축 요구에 적자폭은 감소한다.

채권 가격과 금리의 상관관계

채권 가격과 금리의 상관관계를 알면 양적완화가 경제에 미치는 영향을 이해할 때 도움이 된다. 채권은 자본조달을 위해 이자를 약속하고 발행하는 차용증서인데, 발행 시점의 시장금리와 발행인의 신용도에 따라 중도이자(쿠폰) 금리가 확정된다. 예를 들어 시장금리가 2%일 때 A라는 기업이 신용도를 감안해 연 3%의 이자를 주기로 약속하고 채권 발행(회사채)을 했다고 가정해보자. 이 채권은 만기까지 매년 3% 이자를 지급한다. 그런데 일정 시간이 지나 시장금리가 2%에서 4%로 오르면 어떻게 될까? 투자자들 입장에서는 지금 시점에 신규 발행된 채권을 사면 만기까지 약 5%의 수익을 얻을 수 있는 비슷한 신용도의 B채권을 살 수 있는데 굳이 3% 이자를 주는 A채권을 들고 있을 필요가 없다. 따라서 해당 채권에 대한 수요가 감소해 가격이 하락한다. 반대의 경우도 마찬가지다. 시장금리가 1%로 하락하면 신규 발행되는 2% 이자의 C채권을 사는 것보다 3% 이자로 이미 발행된 A채권을 사는 것이 좋을 것이다. 당연히 A채권의 가격은 올라간다. 정리해보면 시장금리가 높아지면 채권 가격은 하락하고 시장금리가 낮아지면 채권 가격은 상승한다. 다른 예로 중앙은행이 공개시장운영에서 채권을 매입하면 채권 가격이 올라가고 채권 금리는 하락한다.

● 채권 가격과 금리: 음의 상관관계 ●

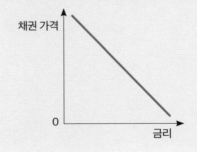

양적완화란
무엇인가? ①

양적완화의
메커니즘

"죽어가는 경제를 살릴 신약인가, 아니면 고통을 피하기 위한
모르핀에 불과한가?"

21세기 경제·금융정책 중 평가가 가장 극과 극으로 갈리는
정책이 바로 양적완화다. 유동성이라는 단어를 사회 경제 전면에

끄집어낸 정책, 실물경제와 자산 시장에 가장 큰 파급력을 미치는 정책, 유동성의 파도를 탄 사람과 그렇지 못한 사람 간의 부의 격차를 극명히 벌린 정책. 엄청난 부작용에도 앞으로도 반복될 수밖에 없는 극약처방이 바로 양적완화다.

양적완화는 국채나 주택담보증권(MBS)을 매입하는 일반적인 공개시장운영에서 한 발 더 나아간 버전으로, 2008년 글로벌 금융위기 때 처음 등장했다. 시중금리가 제로(0)에 가까워져서 더 이상 인하할 수 없을 때 시중은행이 보유하고 있는 현금을 중앙은행으로 귀속시켜 또다시 채권을 매입한다. 대상은 국공채나 주택담보증권(MBS), 회사채 등으로 일반적인 공개시장운영보다 범위가 넓다. 시중은행으로부터 회수된 현금이 모자라면 중앙은행의 고유 권한인 '화폐 발행'을 통해 채권을 매입한다. 이렇게 초저금리의 넘치는 유동성의 파도가 가계와 기업을 충분히 적실 때까지 자산 매입을 반복하고 또 반복한다. 유동성은 실물자산 시장에 먼저 유입되어 자산의 가격을 상승시키고, 이어서 가계와 기업의 소비를 확대한 후 인플레이션을 야기한다.

양적완화는 제로금리 상태에서 성장을 멈춘 경제 상황(예를 들면 일본)에도 적용 가능하지만, 예상치 못한 경제 충격에는 더욱 빠르고 강력하게 시행된다. 미국은 1929년부터 10여 년간 자국 경제를 파탄에 이르게 한 대공황의 트라우마가 뿌리 깊게 남아 있어 강한 외부 충격이 오면 초기에 강력히 대응해야 한다는 강박이 있다. 실제로 글로벌 금융위기나 코로나19 사태처럼 강한 외부 충격이 오면 시장의 소비심리는 급격히 냉각되고, 기업은 생산을 줄이고, 실업은 늘어난다. 이에 가계소득이 줄어 다시 소비가 감소되는 악순환에 빠진다. 연이어 부채의 반격이 시작되는데 가계의 주택담보대출 연체율이 증가하고, 기업이 발행한 회사채 가격은 부도위험 증가로 하락한다. 은행은 대출을 줄이거나 회수하고, 차주의 신용도 악화를 근거로 금리를 높이면서 경제는 더욱 위축된다. 이른바 '신용경색'이 시작되는 것이다.

정부는 경제가 대공황에 빠지는 것을 방어하고자 기준금리를 인하하고 공개시장운영을 통해 금융기관이나 공공기관이 보유한 국공채를 매입함으로써 시중은행에 현금을 주입한다. 시중에 유동성이 돌게 하기 위함이다. 하지만 이미 위축된 경제 상황에서는 돈이 원활히 돌지 않는다. 기업도 허리띠를 졸라매고 은행도 대출을 꺼린다. 기준금리를 제로까지 내리더라도 유동성은 은행 내에서 머물러 있는 것이다. 이때 중앙은행은 양적완화를 발표한다. 채권 매입 범위를 회사채 등 저신용채까지 넓히고 한도를 무제한으로 확대해 시중 채권을 매입하기 시작한다. 중앙은행이 시장의 채권을 빨아들이면 채권 가격은 올라가고 금리는 하락한다. 시중금리 하락은 차입금리 하락으로 이어져 기업과 개인으로 하여금 초저리로 돈을 빌릴 수 있게 해준다.

중앙은행이 정부와 금융기관으로부터 국채와 MBS 등 채권

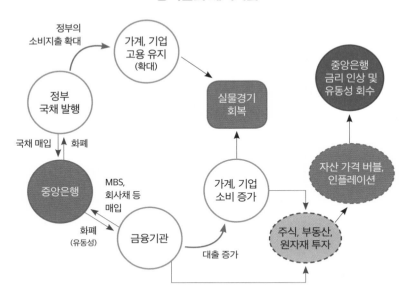

● 양적완화 메커니즘 ●

정부의
소비지출 확대

가계, 기업
고용 유지
(확대)

실물경기
회복

중앙은행
금리 인상 및
유동성 회수

정부
국채 발행

국채 매입   화폐

자산 가격 버블,
인플레이션

중앙은행

MBS,
회사채 등
매입

가계, 기업
소비 증가

화폐
(유동성)

금융기관

대출 증가

주식, 부동산,
원자재 투자

을 매입해 유동성을 공급하면 정부 지출이 증가해 가계와 기업의 매출이 유지(확대)되고, 은행의 신용창출 과정(대출)이 확대되어 가계와 기업의 소비가 증가하면서 실물경기가 회복된다. 한편 풀린 유동성은 주식, 부동산 등 실물자산 시장으로 유입되어 가격을 상승시키고 이는 다시 소비 증가로 이어진다. 유동성이 과도하게 풀리면 소비 과열 및 투기 거래 확대로 자산 가격 버블, 인플레이션으로 이어질 수 있다. 이러한 조짐이 보이면 중앙은행은 유동성을 축소(테이퍼링)하고 회수하기 시작한다.

양적완화의
부작용

⋮··· 과거 수많은 경제정책이 그러했듯이 양적완화는 파급효과에
비해 검증 기간이 너무 짧았다. 사실 2008년 글로벌 금융위기 전
까지만 해도 금리가 제로까지 내려간 적이 없으니 딱히 사용할
이유가 없기도 했다. 양적완화는 글로벌 금융위기 당시 연준의
의장이었던 벤 버냉키에 의해 처음 시행된 통화정책이다. 교수
시절 대공황 연구의 권위자로 유명했던 그는 자산 붕괴 공포가
만연할 때는 과감하고 충분한 경기 부양책을 지체 없이 시행해야
한다고 주장했다. 연준의 이사로 재직 중이던 2002년에는 화폐
를 발행해 중앙은행이 직접 가계와 기업에 공급해 경기를 부양하
는 '헬리콥터 머니'를 언급해 '헬리콥터 벤'이라는 별명을 얻기도
했다.

2008년 시작된 양적완화 정책은 2014년까지 지속되었고, 유
동성이 확산되자 소비심리는 빠르게 개선되어 대공황의 악몽을
피할 수 있었다. 자신감을 얻은 연준은 2020년 코로나19 팬데믹
에도 비슷한 방식으로 대응한다. 오히려 더욱더 과감해졌다. 경기
가 회복될 때까지 '무제한 양적완화' 카드를 꺼낸 것이다. 덕분에
감염자 폭증에도 소비심리는 빠르게 제자리를 찾았다. 이후 집단
면역으로 감염자 수가 급감하고 물리적 활동 제한이 해제되자 억

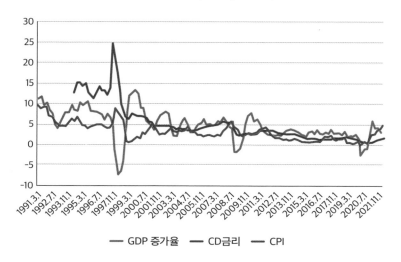

● 우리나라 성장률, 금리, 물가 추이 ●

— GDP 증가율   — CD금리   — CPI

눌린 수요가 폭발하기 시작했다. 여기에 코로나19 이후 회복되지
않은 글로벌 공급망 장애와 러시아-우크라이나 전쟁으로 인한
비용상승 인플레이션이 더해지면서 연 10%에 육박하는 강한 인
플레이션 압력으로 작용해 경제에 또 다른 충격을 줬다.

　여기서 궁금증이 생길 것이다. 왜 연준 의장들은 양적완화에
만 의존하는 것인가? 다른 선택지는 없는 걸까? 근본적인 원인은
성장 동력 부재에 있다. 18세기 증기기관 발명으로 시작된 1차
산업혁명과 19세기 중반부터 20세기까지 이어진 철강, 전기전
자, 화학, 자동차, 건축 등을 기반으로 한 2차 산업혁명은 노동과
자본의 투입 대비 높은 생산성 향상으로 이어져 가파른 경제 성

장을 가능케 했다. 하지만 21세기부터 상황이 달라졌다. 정보통신 기술 기반의 3차 산업혁명으로 삶의 질은 개선되었지만 기술 발전에 의한 재화와 서비스의 생산성 증가는 1·2차 산업혁명에 비해 상대적으로 작았다. 자동차의 첫 등장과 스마트폰의 첫 등장을 비교해보라. 생산성에 미치는 파급력의 차이를 짐작해볼 수 있을 것이다. 결국 첨단기술을 선도하는 미국, 유럽, 일본 등의 선진국은 성장이 정체되기 시작한다. 우리나라 역시 경제성장률과 금리, 물가지수가 과거 30년간 지속적으로 하락해왔다.

일반적으로 고성장 경제는 수요 증가와 함께 물가상승을 동반한다. 그리고 중앙은행은 과도한 인플레이션을 방어하고자 기준금리를 높여 수요를 조절한다. 즉 고성장이 지속되면 물가상승률과 금리도 함께 성장률 수준으로 유지된다. 반면 저성장 경제는 수요 부진과 함께 물가상승 압력도 덜하고 금리도 당연히 낮다. 자연스레 2000년대 들어 성장이 둔화되자 선진국들은 수요를 자극하고 적정 물가상승을 유지하기 위해 금리를 지속적으로 낮췄다. 이후 금리를 제로까지 내렸음에도 시장심리가 개선되지 않자 경제에 유동성을 강압적으로 주입하는 방법을 선택한 것이다. 넘치는 유동성은 자산 시장으로 흘러 들어가 양극화를 야기했지만 자산 보유자들의 지갑을 열게 만들었다. 정부와 중앙은행은 초저금리 대출을 부추겼고, 가계와 기업은 빚으로 소비하기 시작했다. 경기가 살아나기 시작한 것이다.

2008년 글로벌 금융위기 당시 처음 양적완화 카드를 사용한 벤 버냉키 의장 이후 연준의 다른 의장들도 현재까지 비슷한 행보를 걷고 있다. 2014년부터 2018년까지 연준을 이끈 재닛 옐런은 2016년 경제 침체 당시 대규모 부양책으로 위축된 수요를 자극해 경기 부양을 이끄는 '고압경제론'을 주장했는데, 이는 물가 상승을 다소 용인하더라도 수요가 공급을 압도하면 경제가 선순환 구조로 돌 수 있다는 기본 원리를 내포하고 있다. 실제로 재닛 옐런은 임기 동안 금리 정상화를 최대한 늦추며 경기 회복을 유도했다(재닛 옐런은 2021년 미국 재무부 장관에 취임해 여전히 영향력을 발휘하고 있다). 2018년 이후 의장이 된 제롬 파월은 연준 이사 재직 시절 중도파로 구분되었지만, 2020년 코로나19 위기 때는 2008년 글로벌 금융위기 때보다 더욱 강력한 양적완화 정책을 시행하면서 벤 버냉키의 계보를 이어가고 있다.

양적완화의
두 가지 방법

··· 좀 더 구체적으로 어떤 방식으로 유동성이 확대하는지 알아보자. 2008년과 2020년 두 번의 양적완화를 실행한 배경은 무엇이고, 유동성 공급 방식과 실행 강도에는 어떤 차이가 있었을까?

역사는 반복되기에 향후 비슷한 상황이 온다면 정부와 중앙은행의 대응을 짐작해볼 수 있을 것이다.

1. 초과지준율을 이용한 시중 유동성 확대

시중은행은 수취한 예금의 일부를 지급준비금의 형태로 예치한다. 양적완화가 필요한 경기 침체 국면에서는 불확실한 경제 상황 때문에 은행의 대출이 축소되고, 지급준비금을 초과하는 현금이 시중은행에 머문다. 이때 중앙은행은 이 현금을 중앙은행에 예치할 수 있도록 초과지급준비금에 대한 이자를 지급하는데, 초과지급준비금율(이하 초과지준율)을 상향 조정하면 시중은행의 유휴자금을 중앙은행에 집중시킬 수 있다. 중앙은행은 이러한 초

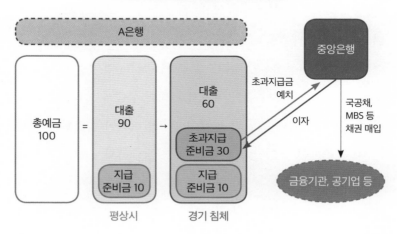

● 초과지준금을 이용한 채권 매입 ●

과지준금에 대한 이자를 지급하는 대신 이 자금으로 시중 국채나 MBS 등을 매입해 유동성을 공급하고, 동시에 초과지준금 이자를 상회하는 채권 수익도 수취한다. 중앙은행의 입장에서는 시중은행의 유휴자금을 시장에 다시 돌려주는 역할을 하는 것인데, 은행의 신용창조가 확대될 때까지 이 과정을 반복하고 반복한다. 이처럼 경기 확장이나 둔화 국면에서 중앙은행은 금리 조정이라는 전통적 통화정책보다 적극적인 방식의 공개시장조작, 즉 초과지준율을 이용해 시장의 유동성을 확대한다.

2. 발권을 통한 자산 매입

초과지준율을 이용한 시중 유동성 확대는 어느 정도 한계가 있기 때문에 중앙은행은 고유 권한인 화폐 발행을 통해 본원통화의 양을 늘리고 시장의 금융자산을 매입해 유동성을 공급한다. 중앙은행이 매입하는 자산은 주로 장기 국공채와 MBS 등이며, 만기가 긴 채권을 매입해 장기 시장금리 하락을 유도한다. 장기 시장금리의 선제적인 하락으로 인해 금리(차입 비용)가 여전히 높은 회사채로 대체 수요가 이어져 가격이 상승하고 금리가 하락할 수 있다. 이렇게 기업의 신규 자본조달비용이 감소하면 기업의 투자 활동이 늘어난다. 또한 장기 시장금리의 하락으로 장단기 가계금리가 인하되어 주택 자금 및 사업 자금, 신용대출 등의 수요가 증가하고 이에 따라 가계와 기업의 유동성은 확대된다.

● 미 정부 부채 vs. 본원통화 ●

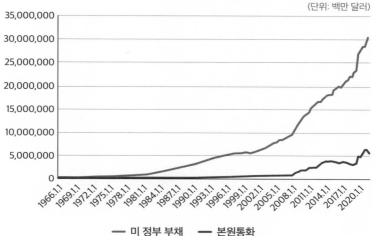

(단위: 백만 달러)

미 정부 부채 ── 본원통화

자료: FRED

● 미 연준의 매입 자산 종류 ●

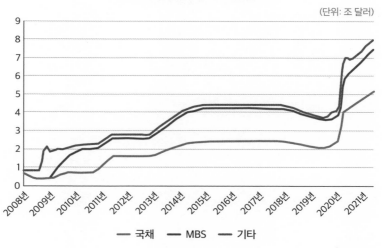

(단위: 조 달러)

국채 ── MBS ── 기타

자료: FRED

실제로 미국 정부 부채의 확대는 중앙은행의 본원통화 증가 (통화 발행) 추이와 일치한다. 즉 중앙은행이 통화를 발행해 증권을 매입했다는 뜻이다. 참고로 미국이 매입한 자산은 국채, MBS 가 대부분이다.

양적완화란
무엇인가? ②

2008년과 2020년의
양적완화는 어떻게 다른가?

⋯ 2008년 글로벌 금융위기와 2020년 코로나19의 정책 대응은 자산 매입이라는 방법적 측면에서는 같지만 유동성 투입의 대상과 강도는 꽤나 달랐다. 그 이유는 위기가 발생한 원인이 달랐기 때문이다. 2008년 글로벌 금융위기는 감당할 수 없이 확대된 가계부채와 규제 없이 확산된 파생금융상품이 집값 버블과 함께 붕

괴되면서 가계와 금융기관의 부실로 이어진 '부채 위기'였다. 반면 코로나19 사태는 감염병 방역을 위한 지역 봉쇄와 국가 간, 사회구성원 간 접촉 제한 등으로 경제가 불가피하게 위축된 '감염 위기'였다.

2008년 글로벌 금융위기 때는 위기의 원인이 금융기관과 감독기관, 과도한 부채 사용자에게 있었다면 2020년에는 바이러스가 원인일 뿐, 경제구성원의 책임은 없었다. 이 때문에 2008년에는 주택 시장 붕괴와 실업률 증가에 따른 주택 구입자들의 대출 연체 및 가계 소비 위축 방어를 위한 유동성 지원, 그리고 MBS 기반의 복합 파생금융상품을 보유한 금융기관의 연쇄 파산을 막기 위한 공적자금 투입으로 정책의 범위가 다소 제한적이었다.

반면 2020년에는 2008년 글로벌 금융위기 때와 달리 금융기관이 받은 충격은 크게 없었다. 다만 코로나19 팬데믹발 경제 활동 위축으로 상당수 가계와 기업의 수입이 감소하며 대규모 채무 불이행 위험에 노출된 상태였다. 이 때문에 소상공인과 취약계층의 기본 생활 유지를 위한 보조금 및 대출 프로그램, 취약 산업군의 고용 유지를 위한 급여보호 프로그램, 그리고 전 국민의 소비 위축을 막기 위한 재난지원금 등 재정·통화정책의 범위가 상대적으로 광범위했다.

● 2008년 글로벌 금융위기 미국의 재정정책 ●

시점	정책명	정책 목적	투입금액 (억 달러)	GDP 대비 비율(%)
2008년 2월	경기부양법(ESA)	내수 경기 활성화 및 기업 투자 촉진	1,240	0.8
2008년 10월	긴급경제안정화법 (EESA)	부실자산 매입 (TARP)	7,000	4.8
2009년 2월	경기 회복 및 재투자법	-	7,892	5.4
2010년 12월	감세연장법	-	8,578	5.7
합계			24,710	16.7

● 2020년 코로나19 사태 미국의 재정정책 ●

시점	정책명	정책 목적	투입금액 (억 달러)	GDP 대비 비율(%)
2020년 3월	1차 긴급예산법	보건	83	0
2020년 3월	2차 긴급예산법	보건, 실업급여, 유급휴가 지원	1,920	0.9
2020년 3월	3차 경기부양법	1차 재난지원금 (인당 최대 1,200달러), 중소기업, 항공사 등 대기업 대출 보증 및 보조금, 실업수당 등 급여보호 프로그램, 대출 보증, 고용 유지 보조금 등	23,000	11.0
2020년 4월	4차 경기부양법	급여보호 프로그램 등	4,830	2.3

시점	정책명	정책 목적	투입금액 (억 달러)	GDP 대비 비율(%)
2020년 12월	5차 경기부양법	중소기업 및 항공업 지원, 실업수당 (인당 600달러), 2차 재난지원금, 교육보조금	9,200	4.4
2021년 3월	6차 미국구조계획	3차 재난지원금 (인당 최대 1,400달러), 실업수당 확대, 개인 및 기업 세금 감면 등	19,000	9.1
합계			57,950	27.7

● 2008년 글로벌 금융위기 미국의 통화정책 ●

시점	정책명	정책 목적	투입금액 (억 달러)	GDP 대비 비율(%)
2008년 11월 (1차 양적완화)	지급준비금에 대한 이자 지급 실시	유동성 공급, 신용경색 완화	-	-
	모기지 관련 정부보증채	금융기관 부실 채권 매입, 금융기관 연쇄 부도 방어	1,000	0.7
	MBS	-	5,000	3.4
	국채 및 정부보증채	-	4,000	2.7
	MBS 추가 매입	-	7,500	5.1
2010년 11월 ~2012년 6월 (2차 양적완화)	장기 국채 매입	장기 금리 인하, 저리의 장기 자금 조달 장려	6,000	4.0

시점	정책명	정책 목적	투입금액 (억 달러)	GDP 대비 비율(%)
2010년 11월 ~2012년 6월 (2차 양적완화)	국채 만기 연장 프로그램 (Operation Twist)	장기 금리 인하	6,670	4.4
2012년 12월 (3차 양적완화)	매월 450억 달러 장기 국채 매입	장기 금리 인하	5,400	3.3
	매월 400억 달러 MBS 매입	유동성 공급	4,800	3.0
합계			40,370	26.6

● **2020년 코로나19 사태 미국의 통화정책** ●

시점	정책명	정책 목적	투입금액 (억 달러)	GDP 대비 비율(%)
2020년 3월	기준금리 인하 (1.50~1.75%→ 1.00~1.25%)	-	-	-
	기준금리 인하 (1.00~1.25%→ 0.00~0.25%)	-	-	-
	미국채, MBS, CMBS 매입 결정	-	7,000	3.3
	무제한 양적완화 발표(매월 국채 800억 달러+MBS 400억 달러=1,200억 달러 매입 결정)	재정정책으로 급증한 미국채 흡수. 2020년 3월~2022년 3월까지 2.64조 달러 매입 (추정)	26,400	12.6
2020년 4월	최대 2.3조 달러 유동성 투입 발표, 대출기구 및 급여보호 프로그램 등 비상기구 가동	급여소득자 소비 위축 방어	23,000	11.0

시점	정책명	정책 목적	투입금액 (억 달러)	GDP 대비 비율(%)
2020년 4월	회사채 안정 및 소비자 금융지원	중소기업 등 취약 업종 법인 지원	-	-
2020년 8월	연준, 물가 안정 목표제 도입. 물가 상승 목표를 장기 평균 2%로 수정	단기 물가 2% 초과 용인	-	-
	채권 시장 및 대출 시장에 직접 유동성 공급(코로 나19 특수성 고려)	-	-	-
	정책 대응 초기 국채 및 MBS 매입 실행	-	30,000	14.3
2021년 4월	4월 FOMC에서 최초로 자산 매입 축소(테이퍼링) 논의 가능성 언급	인플레이션 방어	-	-
2021년 7월	7월 FOMC에서 연내 테이퍼링 시사	-	-	-
2021년 11월	11월부터 테이퍼링 시작 발표	-	-	-
2022년 3월	자산 매입 종료, 기준금리 0.25%p 인상	-	-	-
합계			86,400	41.3

● 2008년 글로벌 금융위기 우리나라의 재정정책 ●

시점	정책명	정책 목적	투입금액 (억 달러)	GDP 대비 비율(%)
2008년 9월	추경	고유가 시대 민생 안정 대책	4.6	0.4
2009년 4월	추경	고용 유지 및 민생 안정 대책	28.4	2.5
2013년 5월	추경	민생 안정, 경기 회복	17.3	1.5
합계			50.3	4.4

● 2020년 코로나19 사태 우리나라의 재정정책 ●

시점	정책명	정책 목적	투입금액 (억 달러)	GDP 대비 비율(%)
2020년 3월	1차 추경	질병 치료, 피해 기업 대출 및 보증, 피해 가계 지원	10.9	0.6
2020년 4월	2차 추경	재난지원금	8.0	0.4
2020년 7월	3차 추경	기업 재정 지원, 고용 지원, 질병 통제	35.1	1.8
2020년 9월	4차 추경	중소기업 지원, 고용 지원, 저소득층 지원, 어린이집 지원	7.8	0.4
2021년 3월	1차 추경	소상공인 및 근로자, 취약계층 지원, 고용 지원, 백신 보급 등	14.9	0.8
2021년 7월	2차 추경	코로나19 구호패키지, 방역, 고용 지원, 지역경제 활성화	33.0	1.7
합계			109.7	5.7

● 2008년 글로벌 금융위기 우리나라의 통화정책 ●

시점	정책명	정책 목적	투입금액(억 달러)	GDP 대비 비율(%)
2008년 9월~2009년 2월	기준금리 총 여섯 차례 인하 (5.25%→2.00%)	소비심리 위축 방어, 시장 유동성 공급	-	-
2008년 10월	총액 대출한도 증액	중소기업 신속자금 지원	10.0	0.9
2009년 2월	은행 자본 확충 펀드 대출	기업 자금조달 지원	20.0	1.7
	채권 시장 안정 펀드 대출	기업 자금조달 지원	10.0	0.9
2008년 10월 ~2008년 12월	미국, 일본, 중국과 통화 스왑	달러 유동성 경색 방어(미국 300억 달러, 중국 340억 달러 상당, 일본 300억 달러 상당)	-	-
합계			40.0	3.5

● 2020년 코로나19 사태 우리나라의 통화정책 ●

시점	정책명	정책 목적	투입금액(억 달러)	GDP 대비 비율(%)
2020년 3월	기준금리 인하 (1.25%→0.75%)	소비심리 위축 방어, 시장 유동성 공급	-	-
2020년 5월	기준금리 인하 (0.75%→0.50%)	소비심리 위축 방어, 시장 유동성 공급	-	-
2020년 3월~2021년 2월	국고채 단순 매입	시장 유동성 공급	17.0	0.9
	회사채, CP 매입	저신용 기업 지원 목적	3.6	0.2

시점	정책명	정책 목적	투입금액 (억 달러)	GDP 대비 비율(%)
2020년 3월~ 2021년 2월	미국과 통화 스왑 (600억 달러)	달러 유동성 경색 방어	-	-
	공개시장운영 대상 증권 및 기관 확대	-	-	-
	금융 안정 프로그램	-	-	-
	증권사 유동성 지원	-	5.0	0.3
	회사채 CP 차환, 인수	-	6.1	0.3
	채권 시장 안정 펀드 조성	기업 자금조달 지원	20.0	1.0
	증권 시장 안정 펀드 조성	기업 자금조달 지원	10.7	0.6
	저신용등급 회사채, 기업 어음 매입 기구 설립 및 지원	-	20.0	1.0
	소상공인 금융중개지원 대출한도 증액 및 대출금리 인하	-	43.0	2.2
합계			125.4	6.5

정부와 중앙은행의
정책공조

··· 중앙은행은 정부의 통제 없이 독자적으로 정책을 수행하는 것으로 알려져 있지만 적어도 양적완화가 필요한 국면에서는 독립적일 수 없다. 중앙은행은 기준금리를 내리고 시장의 국채를 매입해 유동성을 공급해야 하고, 정부는 재정지출 확대를 위해 국채를 발행해야 하기 때문이다. 한쪽은 발행하고 한쪽은 사야 하는 상황. 만약 중앙은행이 국채를 사주지 않는다면 금융 시장에 국채 공급량이 확대되어 국채 가격은 하락한다. 그 결과 정부의 자금조달비용이 올라가고 정부가 보증하는 국채보다 신용도가 낮은 지방채, 공사채를 비롯한 시장 대부분의 채권 가격이 동반 하락해 금융 시장에 혼란을 야기할 수 있다. 또한 각종 채권 가격 하락으로 인한 장단기 시장금리 상승은 기업의 자금조달비용 증가로 이어져 기업 재정에 큰 부담으로 작용할 것이다.

하지만 발행한 국채를 중앙은행이 사주기만 한다면 고민은 간단히 해결된다. 정부는 국채 시장의 공급 과잉을 걱정하지 않아도 된다. 중앙은행만 사준다면 가격 하락과 시장금리 상승 없이 저리로 필요한 만큼의 국채 발행이 가능하다. 양적완화는 기준금리를 제로로 내린 이후에 시행되므로 가계와 기업은 국채 발행과 관계없이 여전히 초저금리로 차입이 가능하다. 중앙은행 입장에서는 시중 유동성 공급 확대를 통한 경기 부양이라는 명분도 있고, 정부가 파산하지 않는 한 국채는 만기까지 보유하면 원금을 회수할 수 있기에 부담도 적다.

2020년 코로나19 사태 이후 미국을 비롯한 일본, 유럽 등의 선진국은 정부와 중앙은행의 공조로 이와 같은 양적완화를 단행했다. 2020년 한 해에만 미 연준의 자산은 대차대조표상 GDP 대비 17%에서 28%로 급증했고, 유럽중앙은행(ECB)의 자산은 GDP 대비 37%에서 43%로 증가했다. 이처럼 중앙은행은 독립적인 기관이지만 앞으로도 금리가 제로로 내려간다면 정부와 암묵적으로 힘을 합칠 수밖에 없다.

그럼 양적완화 시 중앙은행의 대차대조표가 확대된다는 말은 무슨 뜻일까? 재무상태표는 자산과 자본, 부채로 구성되는데 자산은 '자본+부채'와 같다. 보통의 기업이라면 평균적으로 자본과 부채의 비중이 1:1 정도인데, 중앙은행은 특이하게도 자기자본은 거의 없고 '자산≒부채'로 이뤄져 있다. 자산은 국채, MBS 등의 매입 증권과 금융기관에 대출해준 자금이 주를 이루며, 부채는 화폐 발행과 통화안정증권 발행, 시중은행의 예금(지급준비금+초과지준금) 등으로 구성되어 있다. 참고로 통화안정증권이란 한국은행이 유동성을 조절하기 위해 금융기관 또는 일반인을 대상으로 발행하고 유통하는 증권을 말한다. 유동성 축소가 필요할 때는 통화안정증권을 발행해 시중에 매각하고, 유동성 확대가 필요

● 한국은행 대차대조표(2022년 기준) ●

(단위: 조 원)

자산			부채		
유가증권		420	본원통화		172
예치금		35	통안증권 발행		140
어음 대출		41	기관 예금		151
기타 합계		97	기타 합계		111
			+		
=			자본		
			이익잉여금		19
			=		
총합계		593	총합계		593

자료: 한국은행 경제통계시스템

할 때는 다시 통화안정증권을 매입한다. 미국의 경우 국채 시장이 워낙 크고 발달되어 있어 중앙은행이 따로 통화안정증권을 발행하지 않는다.

중앙은행은 화폐를 발행할 수 있는 독자적인 권한을 갖고 있지만 아무리 중앙은행이라 할지라도 아무런 대가 없이 화폐를 발행할 수는 없다. 국부는 그대로인데 중앙은행이 화폐를 발행한다면 돈의 가치가 하락해 물가상승이라는 대가를 치른다. 중앙은행의 화폐 발행은 부채의 개념이며 이를 가지고 매입한 국채는 중앙은행의 자산으로 편입되어 균형을 이룬다. 즉 중앙은행이 시장 유동성 공급을 위해 화폐를 발행하고 국채를 매입한다면 중앙은

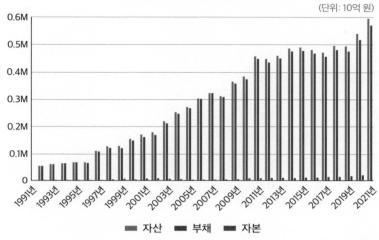

● 한국은행의 자산과 부채 추이 ●

(단위: 10억 원)

자료: 한국은행

행의 자산과 부채가 동일하게 늘어나 대차대조표가 확대되는 모습을 보이는 것이다.

그렇다면 중앙은행이 국채를 매입하면 어떻게 가계와 기업으로 유동성이 흘러 들어갈까? 중앙은행은 은행을 포함한 금융기관과 공기업, 국민연금을 포함한 각종 공제회, 민간 공기금 등이 보유한 채권을 매입해 이들 명의의 시중은행 계좌에 현금이 늘어나게 만든다. 시중은행은 이러한 현금 예금을 기반으로 지급준비금을 제외하고 가계와 기업에 대출을 실행한다. 물론 경제가 침체 국면이라면 가계와 기업이 곧바로 돈을 빌려 소비나 투자에 나서지는 않는다. 하지만 경제구성원으로 하여금 중앙은행과 정부의 경기 부양 의지가 충분하다고 느껴질 만큼 유동성이 공급되고 향후 경기 확장 기대감이 커지면 대출이 확대될 수 있다.

한편 채권 매입을 통한 유동성 공급 조치는 중앙은행의 대차대조표에 곧바로 영향을 주기 때문에 그 규모와 투입 속도를 인지하는 것은 매우 중요하다. 이는 잇따른 자산 가격 상승 시그널을 잡는 데 매우 중요한 단서가 되기 때문이다.

정부 부채는
정치의 산물

정부의 역할에는 국민을 보호하고 민주주의를 실현하는 근원적인 부분도 있지만, 자본주의 경제체제에서는 공정 거래 유지와 소득 재분배, 경제 침체와 과열을 방어하는 안정화 기능 등도 중요하게 꼽힌다. 이처럼 정부의 여러 역할과 기능에도 유권자는 보통 정부의 능력을 평가할 때 경제 성장 여부를 1순위에 두곤 한다. 실제로 2008년 글로벌 금융위기 이후 경제가 저성장 국면에 접어들자, 선거철이면 경기 활성화를 위한 각종 공약이 난무하고 '경제'를 살리자는 슬로건이 전면에 등장하기 시작했다.

정부는 플러스 경제 성장을 유지하기 위해 지속적으로 지출액을 늘려왔다. 매년 정부 수입이 정해져 있음에도 수입을 초과한 지출에 망설임이 없었다. 정치인의 입장에서 보면 정부 부채는 어차피 나중의 일이다. 다음 선거 전까지 일단 최대한 지출하고 최대한 성과를 내야 한다. 누적된 부채는 정권 유지에 실패하면 다음 정부가 알아서 할 일이다. 정권 유지에 성공하면 그때 가서 다시 고민하면 된다.

문제는 녹록지 않은 현실이다. 글로벌 금융위기, 코로나19처럼 예상치 못한 외부 충격이 오면 목표로 한 경제성장률 달성은 어려워지고, 물가 불안과 빈부 격차 확대 등 여러 문제로 정부와 정치권에 대한 원망은 커져만 간다. 막대한 세수를 배분하고 지출할 수 있는 정부의 권한과 국회의원의 특권을 유지하려면 정부와 정치인은 다시 한번 유권자의 마음을 돌려야 한다. 표를 잃지 않기 위해, 표심을 얻기 위해 그들이 꺼낼 수 있는 가장 효과적인 카드가 바로 선심성 지출정책이다. 재난지원금과 각종 보조금과 같은 소비 진작 수단, 저소득층 유권자를 위한 복지 확대가 바로 그것이다.

선심성 지출정책에는 당연히 막대한 돈이 들어간다. 과거 양적완화가 없던 세상에서는 추경이 제한적이었지만 2008년 글로벌 금융위기 이후, 양적완화가 세상에 나타난 이후부터는 추경과 국채 발행에 따른 이자 부담, 재원에 대한 걱정 따위는 사라진 듯

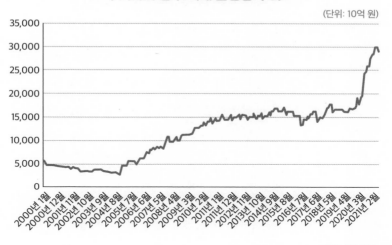

● 우리나라 정부 국채 발행량 추이 ●

(단위: 10억 원)

자료: 인포맥스

하다. 코로나19 이후 미국과 유럽, 일본을 비롯한 주요 경제 강국을 중심으로 이러한 경향은 더욱 두드러지고 있다. 앞으로도 경기가 침체될 때마다 이러한 현상은 반복될 것이다. 선심성 지출 정책에 열광하기보다 정책의 목적과 효과에 대해 진지하게 고민해볼 시점이다.

한은은 인플레이션에 대응하기 위해 유동성을 회수하는 작업에 나섰다. 작년 8월과 11월에 이어 지난달 기준금리를 0.25%포인트씩 올려 연 1.25%로 높였다. 올해 3월 미국 중앙은행(FED)이 기준금리를 올리는 데다 양적긴축에도 나서는 만큼 한은도 올해

두세 번 더 금리를 올릴 것이라는 분석이 나온다. 이 경우 올 하반기 기준금리는 연 1.75~2.0%로 올라갈 전망이다. 하지만 정부와 정치권은 코로나19 피해 지원을 명목으로 연초부터 추경 편성에 나서는 등 이 같은 긴축 행보와 반대되는 움직임을 보이고 있다. 14조 원 규모의 추경안을 제출한 정부는 국회 협의 과정에서 '16조 원+α'를 마지노선으로 제시했지만, 여야는 최대 46조 원까지 증액해야 한다고 밀어붙이고 있다. 정부가 정치권 요구에 밀려 대규모 추경 자금을 쏟아내면 그만큼 물가상승 압력은 더 커질 전망이다. 한 금통위원도 지난달 금통위에서 "올해 상당 규모의 확장 재정이 예정된 만큼 재정 측면에서 인플레이션 압력이 생길 수 있다."고 경고했다.

〈한국경제〉 2022년 2월 17일 기사다. 물가를 잡기 위해 한국은행은 수요 감소 정책인 금리 인상을, 정부는 수요 확대 정책인 추경이라는 정반대의 정책을 사용하고 있다. 참고로 지방선거를 100여 일 앞둔 시점이었다.

사상 초유의 '2월 추가경정예산(추경)'으로 올해 나라살림 적자 규모가 70조 원을 넘을 것으로 전망된다. 대선 이후 대규모 재정 지출까지 예고돼 적자폭이 더욱 커질 것이란 우려가 나온다. 여야 대선 후보들이 50조 원 규모의 코로나19 지원 및 보상을 공약

　　　　　　　　　　　　　인플레이션 게임

으로 내세우면서 올해 통합재정수지 적자 규모는 더욱 확대될 것으로 보인다. 더불어민주당 이재명 대선 후보는 "취임 직후 긴급 재정명령을 통해 50조 원의 코로나19 지원을 즉각 실행하겠다." 고 밝혔다. 국민의힘 윤석열 후보도 "50조 원 이상의 재정자금을 확보해 소상공인, 자영업자의 코로나19 손실을 확실히 보상하겠다."고 했다. 대선 이후 공약이 현실화되면 산술적으로 통합재정수지 적자 전망치는 120억 원까지 치솟게 된다.

〈동아일보〉 2022년 2월 28일 기사다. 6월 지방선거를 앞둔 상황이다 보니 재정 적자 확대는 안중에도 없는 모습이다. 550만 명 소상공인의 표심을 위해서라면 50조 원이 아니라 그 이상도 가능할 것이다.

정부가 인플레이션을
용인하는 이유

… 앞서 물가는 곧 돈의 가치라고 했다. 정부는 미래의 세수를 담보로 국채를 발행하는데, 만약 물가가 상승해 돈의 가치가 하락한다면 미래 국채 상환 시점에서는 정부의 부담이 적어질 것이다. 즉 물가상승이 지속된다면 국가는 상대적으로 돈의 가치가

높을 때 자금을 조달해 사용하고, 돈의 가치가 하락한 시점에 상환할 수 있다(책 후반부에 다시 언급하겠지만 이 방법은 개인이 저금리로 장기 차입해 인플레이션 회피 자산에 투자한 후 화폐가치가 하락한 상태에서 상환해 자산 이득을 취하는 것과 동일한 원리다).

이뿐만 아니라 인플레이션은 재화와 서비스의 가격과 함께 임금을 상승시킨다. 경제 성장이 지속된다면 정부 세수 중 가장 큰 비중을 차지하는 법인세와 소득세, 부가가치세가 함께 증가하는 것이다. 이처럼 인플레이션은 정부 입장에서는 부채를 탕감시켜줌과 동시에 수입 기반을 확대시켜주는 역할을 한다.

● 인플레이션과 정부 부채 감소 효과 ●

연도	한국		미국	
	CPI 상승률	물가상승 누적	CPI 상승률	물가상승 누적
1990년	8.6	109%	5.4	105%
1991년	9.3	119%	4.2	110%
1992년	6.2	126%	3.0	113%
1993년	4.8	132%	3.0	117%
1994년	6.3	140%	2.6	120%
1995년	4.5	147%	2.8	123%
1996년	4.9	154%	2.9	126%
1997년	4.4	161%	2.3	129%
1998년	7.5	173%	1.6	131%

　　　　　　　　　　　　　인플레이션 게임

연도	한국		미국	
	CPI 상승률	물가상승 누적	CPI 상승률	물가상승 누적
1999년	0.8	174%	2.2	134%
2000년	2.3	178%	3.4	139%
2001년	4.1	185%	2.8	143%
2002년	2.8	191%	1.6	145%
2003년	3.5	197%	2.3	148%
2004년	3.6	204%	2.7	152%
2005년	2.8	210%	3.4	158%
2006년	2.2	215%	3.2	163%
2007년	2.5	220%	2.9	167%
2008년	4.7	230%	3.8	174%
2009년	2.8	237%	-0.4	173%
2010년	2.9	244%	1.6	176%
2011년	4.0	254%	3.2	181%
2012년	2.2	259%	2.1	185%
2013년	1.3	263%	1.5	188%
2014년	1.3	266%	1.6	191%
2015년	0.7	268%	0.1	191%
2016년	1.0	270%	1.3	194%
2017년	1.9	276%	2.1	198%
2018년	1.5	280%	2.4	202%
2019년	0.4	281%	1.8	206%
2020년	0.5	282%	1.2	209%

자료: 통계청

우리나라와 미국의 소비자물가지수를 바탕으로 화폐가치 하락을 추산하면 지난 30년간 우리나라는 약 1/3로, 미국은 1/2로 화폐가치가 하락했다. 만약 30년 전 30년 만기 국채를 발행해 2020년에 상환한다면 화폐가치가 하락한 만큼 정부의 부담이 감소한다는 뜻이다. 이것이 정부 부채의 총액이 인플레이션을 등에 업고 계속 팽창하는 이유다. 정부는 완만한 인플레이션으로 경제의 선순환 구조를 유지함과 동시에 정부 부채를 지속적으로 늘릴 수 있다.

- 정부와 중앙은행의 정책은 시중 유동성 공급 신호와 자산가치 상승을 예측하는 데 매우 중요한 지표이므로 반드시 명확히 이해해야 한다.

- 통화정책은 밀물과 썰물처럼 통화를 조절해 중장기적으로 돈의 가치를 변동시키는 반면, 재정정책은 정부의 소비지출을 통해 정부, 기업, 개인 간 돈이 회전할 수 있게 해준다.

- 양적완화는 국채나 주택담보증권(MBS)을 매입하는 일반적인 공개시장운영에서 한 발 더 나아간 버전으로, 2008년 글로벌 금융위기 때 처음 등장했다.

- 유동성이 과도하게 풀리면 소비 과열 및 투기 거래 확대로 자산 가격 버블, 인플레이션으로 이어질 수 있다. 이러한 조짐이 보이면 중앙은행은 유동성을 축소(테이퍼링)하고 회수하기 시작한다.

- 넘치는 유동성은 자산 시장으로 흘러 들어가 양극화를 야기했지만 자산 보유자들의 지갑을 열게 만들었다. 정부와 중앙은

행은 초저금리 대출을 부추겼고, 가계와 기업은 빚으로 소비
하기 시작했다. 경기가 살아나기 시작한 것이다.

- 중앙은행은 정부의 통제 없이 독자적으로 정책을 수행하는 것
  으로 알려져 있지만 적어도 양적완화가 필요한 국면에서는 독
  립적일 수 없다.
- 선심성 지출정책에 열광하기보다는 정책의 목적과 효과에 대
  해 진지하게 고민해볼 필요가 있다.
- 인플레이션은 정부 입장에서는 부채를 탕감시켜줌과 동시에
  수입 기반을 확대시켜주는 역할을 한다.

3장

유동성을 알면
돈의 흐름이
보인다

"돈은 흐르는 물과 같다.
가둬두면 썩고 만다."

_모하메드 알 마코툼

유동성이란
무엇인가? ①

통계청에서 제공하는 빅데이터 기반 자료를 보면 코로나19 기간(2020~2021년) 동안 가장 많이 검색된 10대 키워드는 '부동산' '비트코인' '금리' '대출' 등이었다. 2018년 부동산 규제로 촉발된 부동산 가격 상승은 코로나19 시기 유동성 공급과 맞물리며 하늘 높은 줄 모르고 치솟았고, 암호화폐 역시 마찬가지였다. 나머지 키워드는 주로 주식과 연관이 있었다. 주식 시장의 최대 화두는 단연 '친환경' 'ESG'였고, 전기차와 배터리 관련주도 유동성을 등에 업고 폭등했다. 전기차 대장주 테슬라의 주가는 코로나19

양적완화 기간(2020년 3월~2021년 11월) 동안 10배 이상 상승했다. 소위 '빚내서 투자'한다는 '빚투'가 성행한 시기였다. 초저금리 시대에 2~3% 대출 이자는 문제될 것이 없었다.

코로나19 기간에 주로 검색된 키워드들의 이면에는 모두 유동성이 있었다. 팬데믹발 극심한 소비 위축에도, 경제 침체 우려에도 정부와 중앙은행의 유동성 공급 신호만 있으면 투자심리는 되살아났다. 정부도 유동성이 실물자산으로 흘러 들어갈 것을 알고 있었다. 침체 국면에서 가장 빠르게 소비심리를 살릴 수 있는 방법으로 자산 가격 상승만큼 효과가 큰 것도 없다. 그리고 이러한 사실을 알고 있던 사람들은 과감히 유동성의 파도에 올라타 부를 늘렸다.

유동성의 경제적 정의는 '경제 주체가 갖고 있는 자산을 현금으로 전환할 수 있는 능력의 정도'지만, 이 책에서는 한 국가 내 또는 국가 간 금융 시장에서 유통될 수 있는 모든 현금성 자산을 지칭한다. 유동성은 정부와 중앙은행의 정책에 따라 유통되는 양과 흐르는 속도가 변화한다. 그리고 이때 물건의 가격, 즉 물가 또한 함께 변화한다. 유동성 공급으로 현금성 자산이 시중에 많아지면 돈의 가치가 하락해 물가가 상승하고, 반대로 유동성이 회수되어 현금성 자산이 시중에 줄어들면 돈의 가치가 상승해 물가가 하락한다.

유동성을
측정하는 방법

··· 유동성을 나타내는 지표는 유동성이 높은 순서에 따라 M1,
M2, Lf, L로 구분한다. 오른쪽(L)으로 갈수록 포함하는 자산의 범
위가 넓어진다. 언론 등에서 일반적으로 이야기하는 유동성은
M2를 말한다. 이는 각 경제 주체들의 통화 보유량과 시중 유동성
을 측정할 수 있는 보편적인 지표로 활용되기 때문에 꼭 기억해
야 한다.

· 본원통화=민간 보유 현금통화+은행 보유 현금(시재금)+은행 지
  급준비금
· M1(협의통화)=현금통화+요구불 예금 및 수시 입출식 저축성
  예금
· M2(광의통화)=M1+만기 2년 이내 정기 예적금+CMA+양도성예
  금증서(CD) 등
· Lf(금융기관 유동성)=M2+2년 이상 정기 예적금, 금융채, 보험 계
  약 준비금, 증권금융 예수금
· L(광의 유동성)=Lf+정부와 기업 등이 발행한 유동성 금융상품
  (국채, 지방채, 기업 어음, 회사채, 증권사 RP, 여신전문기관의 채권, 공사
  채, 자산유동화증권 등)

1. 본원통화

본원통화는 한국은행이 기발행한 화폐로 민간이 보유한 현금과 은행이 보유한 현금, 시중은행의 지급준비금의 합계를 말한다. 순수 화폐 발행량이므로 유동성을 나타내는 지표 중에 가장 기본이 되는 지표라 할 수 있다. 한국은행이 화폐를 새로 발행하면 은행이나 민간에 대가 없이 화폐를 나눠주는 것이 아니라, 금융기관이 보유하고 있는 국채, 지방채 등 채권을 매입하거나 금융기관이나 정부에 대출을 해주거나 혹은 외환보유고 확충을 위해 외화를 매입하는 방식을 통해 시중에 공급한다. 한편 이렇게 공급된 화폐 중 일부는 시중에 유통되고 일부는 다시 은행에 예치되는데, 은행은 예치된 예금 중 일정 비율을 지급준비금으로 남기고 나머지를 다시 대출해 시중에 융통한다. 즉 한국은행을 통해 발행된 통화는 지급준비금으로 예치된 것을 제외하고는 시중에 현금통화로 돌고 있다고 보면 된다.

2. 협의통화(M1), 광의통화(M2)

협의통화(M1)는 본원통화에 예금자가 요구하면 바로 인출할 수 있는 요구불 예금과 수시 입출금식 예금, 투신사의 MMF를 더한 것을 말한다. 현금과 동일하게 바로 사용할 수 있는 예금들을 포함하고 있다. 한편 광의통화(M2)는 M1을 포함하며 지금은 묶여 있지만 예금자가 원하면 바로 현금화될 수 있는 저축성 상품,

즉 만기 2년 미만의 정기 예적금이나 수익증권(주식, 펀드), 그리고 CMA, 양도성예금증서(CD) 등을 더한 것을 말한다. M2까지는 가계나 기업이 지출이나 투자 결정을 할 때 즉시 현금화해 결제할 수 있는 선이기에 가장 현실적인 유동성으로 인식된다. 이 때문에 경제 기사나 금융 리포트 등에서 통상적으로 지칭하는 유동성은 대부분 M2를 의미한다.

신용과 대출로 확대되는 유동성

··· 은행은 예금을 받아 대출을 일으키는 신용창조 과정을 통해 중앙은행이 발행한 화폐인 본원통화보다 훨씬 더 많은 통화를 시중에 유통한다. 대출은 개인과 기업의 신용을 바탕으로 이뤄지기 때문에 이렇게 창출된 유동성을 '신용화폐'라고도 한다. 시중은행들은 지급준비금을 제외하고는 대출을 통해 자금 수요자에게 통화를 공급하는데, 이를 통해 시중에 공급되는 유동성이 증가한다. 예를 들어 은행이 100만큼의 예금을 받아 7을 지급준비금으로 남기고 93을 대출했다고 가정해보자(현재 우리나라 한국은행의 지급준비율은 약 7% 수준이다). 93을 대출받은 A가 B로부터 재화나 서비스를 사고 93을 지불한다. 93의 대금을 받은 B가 그대로

은행에 예금한다면, B로부터 93을 받은 은행은 다시 지급준비금 6.5를 남기고 86.5를 다른 사람에게 대출로 융통한다.

이 예시를 보면 최초 100의 예금은 1차 대출로 93의 통화량을 증가시켰으며, 이후 다시 2차 대출로 86.5를 증가시켰다. 만약 이러한 방식으로 대출이 계속 이어진다면 어떻게 될까? 경제구성원 50명에게 이런 식으로 신용창출이 이뤄지면 시중 통화량은 약 14배 확대된다.

주택담보대출과 MBS

⋯ 한편 은행의 대출상품 중 주택담보대출은 신규 구입 예정인 주택이나 기존 보유 중인 주택을 담보로 비교적 장기간(10~30년) 자금을 대출해주는 상품이다. 은행 예금을 받아 장기로 대출을 받으면 그만큼 대출원금 회수가 늦어져 신용창출 기능이 떨어진다. 이 때문에 주택담보대출의 현금 흐름을 증권화해 투자자에게 팔고 수취한 대금을 다시 대출해 신용창출을 하는데, 이러한 증권을 주택담보증권(MBS)이라고 한다. MBS 시장이 활성화되면 은행의 자금 부담이 감소하므로 주택 소유자는 저리로 장기 대출을 받을 수 있고, 보다 많은 주택 수요자들이 대출을 이용해 집을

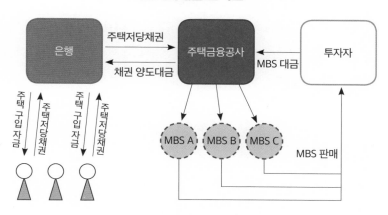

● 모기지채권 도식도 ●

구입할 수 있으며, 투자자들은 장기적으로 고정 수익을 얻을 수 있다.

양적완화와 같은 통화정책 시 국채와 더불어 최우선 순위로 매입하는 채권이 바로 MBS인데, 가계부채에서 주택담보대출이 압도적으로 큰 부분을 차지하고 있는 만큼 MBS가 채권 시장에서 차지하는 비중 또한 크고 만기가 길다. 중앙은행은 MBS 매입을 통해 장기 시장금리 하락을 유도할 수 있다. 장기 시장금리가 하락하면 회사채와 신규 발행 MBS, 가계 및 기업의 신규 대출금리 등에 연쇄적으로 영향을 미친다. 결과적으로 가계, 기업의 자금조달비용을 감소시키고 소비심리를 개선하는 등 긍정적인 영향을 미친다. 또한 중앙은행은 MBS를 매입함으로써 은행의 신용창출 활동을 가속화할 수 있다. 중앙은행이 MBS를 저금리에 소화해주면 시중은행 입장에서는 좀 더 많은 주택담보대출이 가능해지고, 동시에 MBS 발행을 늘릴 유인이 생긴다. 주택담보대출이 확대되면 주택 매수 수요자가 증가해 주택 가격이 상승하고 소비심리도 더욱 탄력을 받는다.

유동성이란
무엇인가? ②

통화승수와
통화유통속도란?

동일한 임금을 받더라도 사람마다 일을 하는 타입과 결과물이 다르듯이, 경제 규모 대비 동일한 비율의 유동성이 투입되더라도 국가마다 돈이 경제를 도는 속도와 아웃풋이 다르다. 고성장의 개발도상국, 이른바 젊은 국가는 인프라와 기업 생산시설, 상업시설 등이 확장되는 단계이다 보니 경제구성원 사이에 돈이 빨리 돌고 투입된 유동성 대비 성장의 폭이 큰 편이다. 반면 저성장의 선진국은 상대적으로 한정된 고부가 가치 산업 중심으로 돈이 더디게 움직이며 성장의 폭도 작다. 이 때문에 경기 부양을 위해 경제에 유동성을 투입할 때는 돈이 흐르고 확산되는 속도를 감안해 통화량을 늘려야 한다.

돈이 흐르고 확산되는 속도를 측정할 수 있는 지표로는 통화승수와 통화유통속도가 있다. 일반적으로 통화승수와 통화유통속도가 낮은 국가일수록 투입된 유동성 대비 결괏값(경제성장률)이 상대적으로 낮다고 볼 수 있다. 다른 말로 경제 규모가 비슷한 A국가와 B국가에 동일한 유동성을 투입할 경우 통화승수와 통화유통속도가 높은 국가일수록 더 높은 경제성장률을 보인다는 뜻이다.

통화승수는 한국은행이 발행한 지폐, 즉 본원통화가 시중은행의 대출(신용창출)을 통해 몇 배의 통화로 만들어졌는가를 나타내는 지표다. 통화승수가 높다면 본원통화 대비 시중에 유통되는 화폐의 양이 그만큼 많다는 것을 의미한다. 값이 높으면 통상적으로 생산, 소비, 투자 속도가 빠르고 그 나라 경제가 활력을 가졌다고 해석된다.

통화승수=M2/본원통화

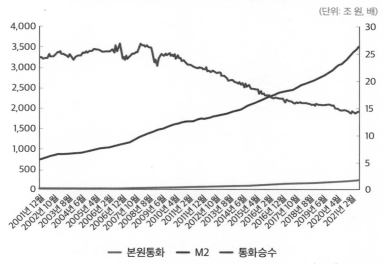

● 우리나라 본원통화, M2 , 통화승수 추이 ●

(단위: 조 원, 배)

— 본원통화 — M2 — 통화승수

자료: 한국은행

    2008년 글로벌 금융위기 이전 우리나라의 통화승수는 26배였으나, 2021년 기준으로 14배까지 떨어졌다. 같은 기간 미국의 통화승수는 11배에서 4배로 줄었다. 이는 유동성 공급 측면에서 본원통화 공급에 따른 효과가 한국은 약 1/2, 미국은 약 1/3로 줄었다는 것을 의미한다. 중앙은행이 화폐를 발행해 유동성을 공급해도 과거보다 2배, 3배로 많은 돈을 투입해야 같은 효과를 볼 수 있다는 뜻이다.

    통화유통속도는 공급된 유동성 대비 경제 성장 정도를 측정하는 지표로, 명목GDP를 시중 유동성(M2)으로 나눠 산출한다.

통화유통속도가 높다는 것은 적은 유동성으로도 높은 경제 성장
이 가능하다는 뜻이며 활력을 가진 경제라고 평가할 수 있다.

통화유통속도=GDP/M2

한편 2000년대 들어 미국을 비롯한 세계 각국의 통화유통속
도는 지속적으로 하락하고 있다. 특히 2020년 코로나19 시기 시
중 유동성은 역대급으로 증가했지만 실물경제가 이를 따라가지
못해 통화유통속도는 급감했고, 2022년에는 2000년대 초에 비
해 절반 수준으로 줄어들었다. 유동성을 공급하면 실물경제로 유

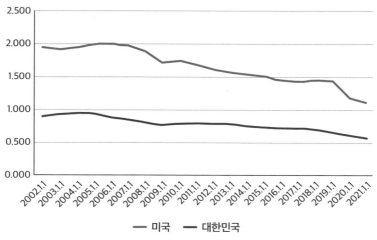

● 미국과 우리나라의 통화유통속도 ●

자료: FRED

입되어 소비, 생산, 고용, 투자 확대로 이어져 궁극적으로 경제가 성장(GDP 증가)해야 하지만, 글로벌 저성장 추이 속에 시장에 공급된 유동성은 기업 대신 실물자산으로 흘러 들어갔고 투입된 유동성 대비 GDP 증가는 더뎌졌다.

충격에 예민한
유동성

⋮··· 유동성 확대에서 신용창출은 필수조건이지만, 외부로부터 경제 충격이 오면 창출된 유동성이 급격히 위축되는 상황이 올 수 있다. 예를 들어 예상치 못한 외부 충격으로 가계의 소비가 급격히 둔화되고 자영업자를 비롯한 기업의 매출이 급감하는 상황이 온다면 어떻게 될까? 금융기관은 신규 대출을 줄이고 기존 대출의 연장을 꺼리며 신용도 하락을 이유로 금리를 인상해 대출 회수를 추진할 것이다. 이에 시중 유동성은 급격히 감소하고 시장은 물가하락 압력을 받으며 더욱 빠르게 위축될 수 있다. 유동성 회수에 따른 악순환 반복으로 신용경색이 시작되는 것이다.

1997년 IMF 외환위기 시기에 우리나라는 극심한 신용경색으로 인해 체질 개선이라는 명목하에 유동성 공급이 제한되면서 수많은 기업이 도산했다. 사업 전망이 양호하고 경쟁력 있는 기업조차 일시적인 자금 부족을 극복하지 못하고 파산하면서 기업 뿐만 아니라 가계 신용에도 심각한 악영향을 끼쳤다. 하지만 너무 걱정할 필요는 없다. 과거의 교훈으로 신용경색으로 인한 파급력을 알기에 금융 시장에 신용경색 징후가 보이면 중앙은행은 선제적으로 신속하게 유동성을 공급해 시장심리가 빠르게 회복될 수 있도록 조치하기 때문이다.

유동성 폭발의 서막,
2008년 글로벌 금융위기

미국의 양적완화와
자산 인플레이션

⋮

⋯ 중앙은행은 물가 안정을 최우선 목표로 정책을 펼치지만 물
가를 집계하는 지표를 보면 실물자산 인플레이션을 바로 반영하
지 못하는 맹점이 있다. 소비자물가지수 자체가 일상에서 구입
빈도가 높고 지출 비중이 높은 생필품을 대상으로 작성되기에 부
동산, 주식의 가격이 상승해도 단기적으로는 큰 변동이 없다. 물

론 통화정책으로 풀린 유동성으로 인해 소비가 확대되고 경제가 다시 성장한다면 물가가 상승할 수도 있다. 하지만 침체 국면에서는 자산 가격 상승이 선행되지 않으면 소비심리가 쉽게 개선되기 어렵다.

정부와 중앙은행도 이를 잘 알고 있다. 경기 둔화나 침체 국면, 특히 외부로부터 강한 충격이 오면 금리를 내리고 또 내려도 기업이 투자하지 않는다는 것을. 미래가 불확실한데 기술을 개발하고 시설에 투자하고 고용을 확대할 리 만무하다. 그렇게 했다가 훗날 수요(소비)가 되살아나지 않으면 기업은 큰 손실을 감내해야 한다. 부채 비율이 높은 기업은 이자를 감당하지 못해 파산할 수도 있다. 이 때문에 정부와 중앙은행이 소비심리를 먼저 살려줘야 기업이 움직인다.

결국 정부와 중앙은행은 경기 부양을 위해 가계와 기업이 보유하고 있는 실물자산의 가격을 상승시키는 선택을 하게 된다. 주가와 부동산 가격을 띄우면 당장 팔아서 이익을 실현하지 않더라도 소비심리는 되살아난다. 더군다나 소비가 확대될 때까지 물가지수에 잡히지도 않으니 부담도 적다. 경기 부양을 위한 명분 있는 유동성은 주식과 부동산 시장으로 흘러 들어가고, 충분히 소비가 확대될 때까지 자산의 가격을 끌어올린다. 이 기간이 바로 자산을 가진 자와 가지지 못한 자의 격차가 확대되는 시기이기도 하다.

● 미국 소비자물가지수 구성 항목 ●

항목	비율
에너지를 제외한 모든 서비스(주택 렌트, 의료, 교통, 운송 등)	57.58%
음식, 에너지 제외 모든 제품(의료, 자동차, 약제비 등)	21.70%
식재료, 음식(가정+외식)	13.37%
기타	7.35%

자료: 미국 노동통계국

● 우리나라 소비자물가지수 구성 항목 ●

항목	비율
전월세비·수도·전기 및 연료	17.2%
식료품·비주류 음료	15.5%
외식비 및 숙박	13.1%
자동차 가격, 대중교통비 등	10.6%
의료, 약제, 보건비 등	8.7%
교육	7.0%
오락 및 문화	5.8%
기타 상품 및 서비스	5.4%
가정용품 및 가사 서비스	5.4%
의류, 신발	4.9%
통신	4.8%

자료: 통계청

정부와 중앙은행은 유동성으로 소비가 확대되고, 고용과 임금이 늘어 소비자물가지수가 상승할 조짐이 보일 때쯤 유동성 공급을 줄이기 시작한다. 그리고 성장과 물가가 관성을 가지고 적정 수준으로 유지될 수 있도록 유동성의 총량을 조정한다. 만약 경기가 과열 국면에 접어들었다면 유동성 회수는 정교하게 진행되어야 한다. 너무 빠르면 경제가 다시 위축될 수 있고 너무 늦으면 물가가 빠른 속도로 상승할 수 있다. 물가는 상승할 때는 쉽게 상승하지만 다시 내려가기란 쉽지 않다. 원자재 가격은 다시 하락할지 몰라도 이미 올라간 인건비(시급), 상품, 서비스 등의 가격은 쉽게 제자리로 가지 않기 때문이다. 가파른 물가를 잡는 방법은 유동성 회수가 유일하다. 중앙은행은 자산 매입을 중단하고 금리를 인상해 시중 통화를 흡수한다.

코로나19 시기에 기축통화국 미국은 인류 역사상 유례없는 막대한 유동성을 공급했고 전 세계가 이에 동참하며 유동성 파티를 열었다. 덕분에 위기를 모면하는 듯했으나 실상은 그렇지 않다. 유동성 조절 실패로 물가지수는 지난 40년 만에 최고치를 경신했고, 중앙은행은 뒤늦게 가파른 금리 인상으로 대응하고 있기 때문이다. 제롬 파월 연준 의장은 2021년 6월 소비자물가지수가 5%를 돌파할 때까지만 해도 일시적인 인플레이션이라고 주장했다. 이후 11월 소비자물가지수가 6%를 돌파하고 난 뒤에야 일시적이라는 입장을 철회했다.

고금리 시기는 부자들에게는 잠시 투자를 쉬어가는 국면일 뿐이지만 부채를 가진 서민들에게는 뼈를 깎는 고통의 시간이다. 여기서 만약 자산 가격이 무너지면 더 큰 재앙이 찾아온다. 차입자들의 소비는 더욱 위축되고 기업의 생산, 고용, 투자 또한 차례대로 감소할 것이다. 이는 곧 장기 침체로 이어질 수 있기 때문에 정부는 실물자산 가격의 하락을 방어하기 위한 또 다른 정책을 고민하고 있다.

글로벌로 확대되는 인플레이션

글로벌 경제의 66%를 차지하고 있는 빅4와 우리나라를 비롯한 신흥국들은 상품과 서비스의 무역뿐만 아니라 금융 시장과 실물자산 시장 또한 밀접하게 연동되어 있다. 이 때문에 이들 국가 중 어느 한 나라라도 경제 펀더멘털이나 자산 가격에 변동이 생기면 주변 국가로 빠르게 전파된다. 이 중 가장 파급력이 큰 나라는 단연 미국이다.

세계 경제의 약 25%를 차지하는 부동의 경제 강국이자 기축통화국인 미국의 경기가 둔화되면 미국과 무역을 하고 있는 다른 국가들의 경제에도 즉각적인 영향을 미친다. 반대의 경우도 물론

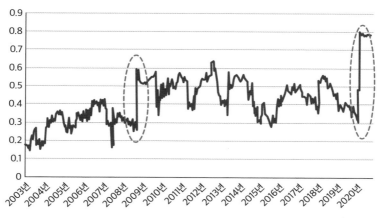

자료: IMF

예외는 아니다. 미국의 가장 큰 수출입국인 캐나다와 멕시코 경제가 휘청거리면 미국 경제도 타격을 받을 수밖에 없다. 다만 경제 규모가 미국에 비해 크지 않다 보니 미치는 영향은 상대적으로 제한적이다.

전 세계 경제가 긴밀히 연결되어 있다 보니 경기 부양책인 중앙은행의 통화정책도 강한 연동성을 가진다. 미국이 금리를 인하해 시장에 유동성을 공급하면 주변 국가들도 연쇄적으로 유동성을 공급한다. 반대로 미국이 금리를 인상해 유동성을 흡수하면 주변 국가들도 이에 따르는 식이다. 특히 양적완화와 같은 비전통적 통화정책은 2008년 글로벌 금융위기 때만 하더라도 미국과 유럽, 일본과 같이 일부 선진국만 시행하던 정책이었다. 그러

● 우리나라와 미국의 주가지수 동조화 현상 ●

미국(다우지수)　　　한국(코스피지수)

나 2020년 코로나19 사태 때는 주요 선진국뿐만 아니라 우리나라와 호주, 캐나다, 체코, 브라질, 남아프리카공화국을 비롯한 신흥국들도 양적완화에 동참했다. 이러한 통화정책의 동조화로 실물자산 가격의 상관관계도 점차 높아지고 있다.

실제로 IMF가 조사한 글로벌 주요국과 신흥국 간의 주식, 채권, 원자재 가격 상관계수를 보면 2008년과 2020년 양적완화가 시행된 이후 상관성이 매우 커진 것을 볼 수 있다. 유동성 공급과 국가 간 투자자금 이동으로 인해 자산 가격의 동조화 현상이 심화된 것이다. 또한 2000년 이후 미국과 우리나라의 주가지수의 상관계수는 +0.82로 매우 높은 상관성을 보이고 있다.

금융자산과 실물자산의 외국인 매매가 제한되지 않고 자본의 이동이 자유로운 개방 경제 국가의 경우 미국의 통화정책 변화에 따라 빠르게 유동성이 이동하는 모습을 보인다. 만약 미국이 경기 둔화를 방어하기 위해 금리를 인하하거나 양적완화로 풀린 유동성이 주식과 부동산으로 흘러가 자산 가격이 상승한다면, 주변 국가로 실물자산의 상대적 저평가 인식이 확대되고 미국을 뒤따른 통화 완화 정책 기대감으로 인해 자산 가격이 동반 상승할 수 있다. 이러한 가격 상승은 각국의 경제 상황에 따라 순차적으로 일어나기도 하지만 거의 동시에 일어나기도 한다.

미국과 한국의 주택 가격 추이도 비슷한 흐름을 보이고 있다. 양국의 집계 지역과 거주 형태는 다르지만 2008년 글로벌 금융 위기 이후부터 높은 상관관계를 가지고 움직이고 있다. 리먼브라더스 사태의 원인이 부동산 버블 붕괴였기 때문에 2008~2012년 주택 가격은 하락 또는 횡보했지만, 2020년 코로나19 양적완화 시기부터 양국 다 가파르게 상승한 것을 볼 수 있다.

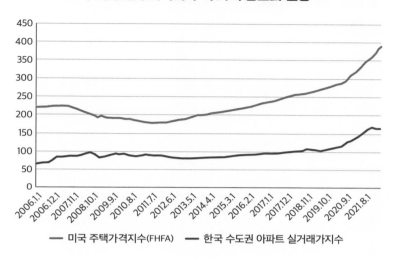

● 우리나라와 미국의 주택 가격 동조화 현상 ●

— 미국 주택가격지수(FHFA) — 한국 수도권 아파트 실거래가지수

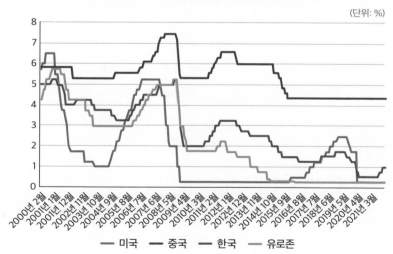

● 미국, 중국, 한국, 유로존 기준금리 추이 ●

(단위: %)

— 미국 — 중국 — 한국 — 유로존

글로벌 자금 흐름
트렌드

┊⋯ 글로벌 저성장·저금리 기조 속에서 우리나라의 해외 투자는 계속 증가해왔다. 특히 2013년부터는 해외에서 우리나라로 들어오는 투자금보다 해외로 나가는 투자금이 더 많아졌고, 사모펀드 시장도 빠르게 확대되었다. 하지만 불과 2014년까지만 하더라도 대부분의 사모펀드는 전통적 금융 투자상품인 증권 투자에 집중되어 있었다. 특히 국민연금을 비롯한 정부 기관과 공기업 퇴직연금, 보험사와 은행 등 금융기관의 보유 자산, 기업 내 유보금 등은 오랜 기간 국내 주식과 채권 위주로 포트폴리오를 구성했다. 하지만 2008년 이후 성장 동력을 잃은 국내에서는 만족할 만한 수익을 낼 수 없었고, 여러 연기금은 예정된 연금 지급을 위해 더 높은 수익의 기회가 있는 해외로 나가기 시작했다. 그리고 2008~2013년 미국의 양적완화로 풀린 유동성이 글로벌 실물자산으로 유입되기 시작하면서 전 세계 부동산과 특별자산(철도, 항공기, 선박, 인프라 등)을 대상으로 한 대체투자가 급성장하기 시작했다.

금융투자협회가 제공하는 국내 사모펀드의 투자 동향을 살펴보면 집계가 시작된 2011년부터 10년간 해외 투자가 급격히 확대되었는데, 부동산과 특별자산이 빠른 증가세를 보이는 것을 알

● 우리나라 사모펀드 해외 투자자산 추이 도표 ●

(단위: 조 원)

기준 연도(말)	주식	혼합 주식	혼합 채권	채권	재간접	증권 합계	파생형	부동산	특별 자산	혼합 자산	대체자산 합계
2021년	56	6	7	51	69	189	24	69	65	22	180
2020년	39	6	5	53	52	154	20	61	57	16	153
2019년	31	5	4	58	40	138	20	56	47	16	139
2018년	27	4	4	53	29	116	17	41	28	7	93
2017년	28	4	4	52	27	114	16	31	18	3	69
2016년	20	3	2	39	18	82	12	22	14	1	49
2015년	20	3	3	23	14	63	11	13	9	0	33
2014년	18	4	2	17	12	52	10	9	7	0	26
2013년	19	5	1	8	10	43	7	6	6	0	20
2012년	22	5	1	14	8	51	6	5	5	0	15
2011년	25	5	1	4	7	42	4	3	3	0	10

자료: 금융투자협회

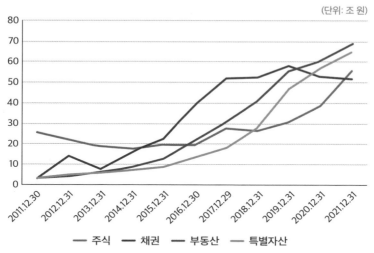

● 우리나라 사모펀드 해외 투자자산 추이 그래프 ●

(단위: 조 원)

주식 ── 채권 ── 부동산 ── 특별자산

자료: 금융투자협회

수 있다. 해당 기간 증권 투자는 4.5배 증가한 반면, 대체투자는
약 18배 이상 확대되었는데, 이는 2021년 펀드 설정액 기준으로
약 50:50 비율이다. 지금의 추세로는 대체자산 투자가 증권 투자
를 넘어설 날도 머지않아 보인다.

유동성 공급은
영원할 수 있을까?

연준의
테이퍼링

⋮

유동성 공급의 끝은 인플레이션과 맞닿아 있다. 양적완화로 시중 통화량이 많아지면 물건 대비 돈의 가치가 하락할 수밖에 없다. 적정 물가상승과 함께 돈을 푼 만큼 소비가 살아나고 생산이 늘어 경제가 성장하면 정부와 중앙은행이 꿈꿨던 유동성 공급의 목적은 달성된다. 그러다 경기가 과열될 조짐을 보이면 유동성 공급량을 점진적으로 줄여 버블을 방지해야 한다. 이를 자산 매입 축소, 테이퍼링이라고 한다(테이퍼링은 '점점 가늘어지다' '끝이 뾰족해지다'라는 뜻으로 2013년 5월 벤 버냉키 연준 의장이 언급하면서 유명해졌다).

하지만 경기 부양에 실패한다 해도 인플레이션을 피할 수는 없다. 금리를 제로로 내리고 화폐를 발행해 정부 국채를 지속적으로 매입했음에도 경제가 침체 국면에서 빠져나오지 못한다면 정부 부채(국채)의 이자, 원금을 정부 수입(세수)으로 감당하지 못하는 상태가 된다. 정부 디폴트, 즉 국가 부도 상태가 올 수 있는 것이다. 이 정도 단계까지 오면 해당 국가의 화폐도 국제 금융 시장에서 가치를 잃고, 해당 국가의 공산품 가격은 급등한다. 상황을 극복하기 위해 정부는 부채를 탕감받거나 지출을 줄이고, 중앙은행은 물가를 잡기 위해 금리를 올리고 유동성을 회수할 것이다.

이처럼 자산 매입으로 인한 유동성 공급은 지속될 수 없으며 언젠가는 자산 매입 축소로 이어진다. 문제는 테이퍼링이 시장심리에 미치는 영향이다. 실제로 중앙은행이 테이퍼링을 발표하면 시장의 반응은 매우 격렬하다. 자산 매입 축소가 곧 정부와 중앙은행의 경기 부양 의지가 끝났다는 신호로 해석되며 시장심리가 빠르게 위축되기 시작한다. 이른바 '파티는 끝났다'라는 메시지인 셈이다.

일본의 만성 저성장·저물가

일본, EU와 같은 경제 대국의 경우에는 물가상승 압력이 상당히 지연될 수 있다. 1970~1980년대를 주름 잡았지만 1990년대 이후 만성 저성장(소위 잃어버린 20년, 현재는 30년째)을 겪고 있는 일본은 2012년 '아베노믹스' 이후 10년 동안 통화량(M2)을 50% 이상 늘렸지만 소비가 살아나지 않아 저성장·저물가는 여전히 진행 중이다. 하지만 언젠가 글로벌 기술 경쟁력에서 도태되고 정부 부채를 상환하지 못하는 단계가 온다면 화폐가치 하락과 함께 유동성 축소가 시작될 것이다.

멈출 수는 있어도
다시 팔 수는 없다

∴ 다음은 〈동아일보〉 2021년 5월 20일 기사다.

미국의 통화정책을 관장하는 연방준비제도(Fed·연준)가 연방공개시장위원회(FOMC) 회의에서 처음으로 테이퍼링(자산 매입 축소) 논의 시작 가능성을 언급했다. (···) FOMC 회의록에서 테이퍼링 가능성이 언급된 것은 이번이 처음이다. 연준이 말한 '명확한 신호'는 없었지만, 시장은 테이퍼링 가능성에 대해 예의주시하고 있었다. 미국의 소비자물가 상승률이 13년 만에 최고치로 치솟는 등 글로벌 인플레이션에 대한 우려가 커졌기 때문이다. 물가가 빠

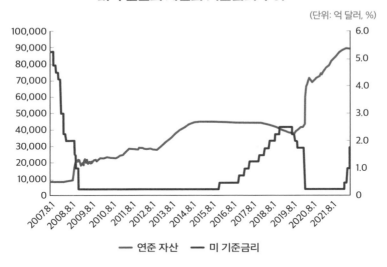

● 미국 연준의 자산과 기준금리 추이 ●

(단위: 억 달러, %)

연준 자산 ── 미 기준금리

르게 오르면 연준을 비롯한 각국 중앙은행은 인플레이션을 잡기 위해 기준금리 인상 등 긴축을 도모할 수밖에 없다. 결국 위험자산인 주식 등 자산 가치 하락이 불가피하다. 이에 따라 뉴욕증시는 한동안 불안한 모습을 이어왔다. 이른바 '공포지수'로 불리는 시카고옵션거래소(CBOE) 변동성지수(VIX)는 지난 13일 28.93으로 두 달 만에 가장 높은 수준까지 올랐다.

테이퍼링의 가장 큰 오해는 시장 유동성 공급을 서서히 줄여나간다는 것이지 이미 풀린 유동성을 회수한다는 것이 아니란 점이다. 가뭄으로 강이 말랐을 때 댐을 열어 물을 공급하지만

인플레이션 게임

● 자산 매입 축소액 규모 ●

시점	글로벌 금융위기 이후	코로나19 사태 이후
테이퍼링 구간	2014년 1월~2014년 10월	2021년 11월~2022년 3월
자산 매입 축소액	450억 달러	1,200억 달러
금리 인상 구간	2015년 12월~2018년 12월	2022년 3월~

생태계가 좋아졌다고 다시 물을 빼지 않는 것과 비슷하다. 지난 2008년 처음 양적완화가 시행된 후 6년이 지난 2014년에 테이퍼링이 시작되었지만, 중앙은행은 보유한 자산을 거의 처분하지 않았다. 하지만 언론을 비롯한 시장 참가자들은 테이퍼링을 마치 시장 유동성이 줄어드는 것처럼 과민하게 반응하는 경향이 있다. 실제로 지난 글로벌 금융위기와 코로나19 양적완화 이후 테이퍼링과 금리 인상 구간이 있었지만, 중앙은행의 자산은 거의 줄지 않은 것을 볼 수 있다.

물론 코로나19 이후처럼 과도한 인플레이션이 동반된다면 테이퍼링 종료 후 금리인상을 통해 소비심리를 누를 수 있겠지만 그럼에도 중앙은행은 기 매입자산을 매각하고 유동성을 흡수할 수 없다. 만약 매각한다면 국채와 MBS 등 채권가격 하락과 함께 장기시장금리가 상승해 금융시장의 혼란을 가져올 수 있기 때문이다.

테이퍼링은
실물자산 가격의 변곡점?

⋮

⋮ 만약 중앙은행이 테이퍼링을 발표하면 실물자산 가격이 하락할까? 질문의 답은 '그 시점의 경제 상황에 따라 다르다.'이다. 만약 경제가 침체 국면을 벗어나 완만한 성장세를 이어가고 소비와 생산, 고용, 투자 등 여러 지표가 완만한 경기 확장을 가리키고 있다면 시장에는 유동성 공급을 줄여도 될 만큼 경기가 충분히 좋다는 신호로 받아들여진다. 따라서 테이퍼링이 발표되더라도 실물자산의 가격은 상승 흐름을 지속할 수 있다. 반대로 지표가 충

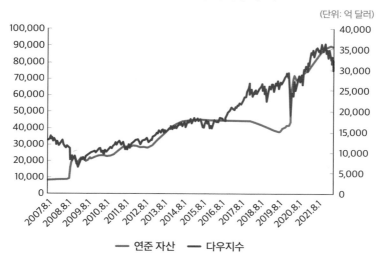

● 미 연준의 자산과 주가지수 추이 ●

(단위: 억 달러)

— 연준 자산   — 다우지수

분히 개선되지 않은 상황에서 인플레이션 방어를 위해 테이퍼링을 발표하면 실물자산 가격 하락의 신호가 될 수 있다.

하지만 인플레이션 상황에서 경기가 후퇴하는 스태그플레이션이 지속되면 소비가 더욱 위축되어 경기 악순환이 반복될 수 있기 때문에 정부와 중앙은행은 보다 적극적으로 실물자산 가격 하락을 방어할 것이다. 이후 비용상승 물가상승 압력이 완화되고 경기 부양을 위한 유동성 공급이 재개되면서 자산 가격은 장기 우상향 추세를 이어갈 것이다.

테이퍼링의 다음 단계, 양적긴축

:
:
:
:
:
:
⋯ 양적긴축(Quantitative Tightening)이란 중앙은행이 보유하고 있는 자산을 줄여 대차대조표를 축소하는 것을 말한다. 보다 적극적인 방법의 자산 축소법으로, 테이퍼링 이후 금리 인상에도 시장이 과열되거나 인플레이션 압력이 지속될 경우 제한적으로 사용된다. 양적긴축은 인플레이션 압력이 강할 때 동반된다.

중앙은행이 자산을 줄이는 방법 중 하나는 보유한 채권 중 만기가 도래한 채권의 원금을 상환받은 후 다른 채권을 재매입하지 않는 것이다. 만약 중앙은행이 상환받은 금액만큼 시중 채

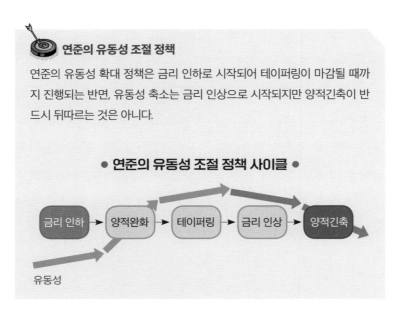

연준의 유동성 조절 정책

연준의 유동성 확대 정책은 금리 인하로 시작되어 테이퍼링이 마감될 때까지 진행되는 반면, 유동성 축소는 금리 인상으로 시작되지만 양적긴축이 반드시 뒤따르는 것은 아니다.

● 연준의 유동성 조절 정책 사이클 ●

금리 인하 → 양적완화 → 테이퍼링 → 금리 인상 → 양적긴축

유동성

권을 재매입한다면 대차대조표상 자산이 그대로 유지되지만, 재매입하지 않고 회수된 채권 원금을 소각하면 자산과 함께 부채로 계상되었던 현금도 사라져 대차대조표가 축소된다. 이 방법은 2008년 글로벌 금융위기 이후 미국이 양적완화를 종료한 2014년부터 코로나19가 터지기 전까지 만기가 도래한 채권 중 일부에 적용되었다. 당시 중앙은행의 자산은 아주 완만한 속도로 감소했는데, 만기가 도래한 채권의 원금을 회수해 상당수는 여타 국채를 재매입하고 일부만 소각했기 때문이다.

한편 연준은 2022년 6월부터 만기 도래한 채권 중 상당액을 재투자하지 않는, 즉 과거에 비해 좀 더 강화된 양적긴축을 시행

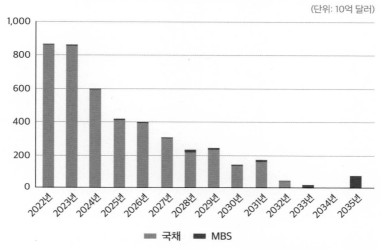

● 미 연준 보유 자산 연도별 만기 도래 규모 ●

(단위: 10억 달러)

국채　■ MBS

자료: 블룸버그, 하나금융투자

한다고 발표했다. 연준이 보유한 채권들은 2022년부터 매년 수천억 달러씩 만기가 돌아오는데, 이들 국채가 상환되고 원금을 소각하면 그만큼 연준의 대차대조표는 축소되고 시중 유동성은 감소할 것이다. 2022년 6~8월은 매월 475억 달러, 9~12월은 매월 950억 달러씩 재투자하지 않는데, 이는 2022년 만기 도래 채권 8,600억 달러 중 약 5,200억 달러 규모(약 60%)다.

연준의 양적긴축의 파급력은 양적완화와 동일하게 '기간'과 '규모'에 달려 있다. 물론 이전의 양적긴축 시기와 경제 상황이 달라 정확한 비교는 어렵지만, 2022년 6월부터 12월까지의 자산 축소는 2017~2019년 2년간 약 7천억 달러(-15.7%)가 축소된 것

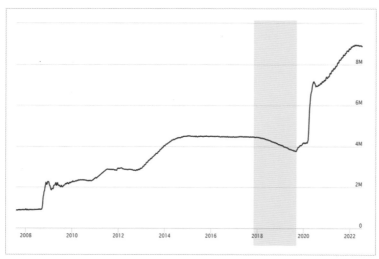

▲ 2017년 10월~2019년 9월까지 약 7천억 달러의 자산 축소가 이뤄졌다.

에 비해 시장 파급력이 더 강할 것으로 예상된다.

또 다른 양적긴축 방법으로는 중앙은행이 보유하고 있는 자산을 시장에 매각하는 방법이 있다. 이는 보다 적극적인 방법으로, 말 그대로 양적완화 시 보유한 자산을 다시 매각하는 것이기에 채권 시장에 미치는 파급력이 매우 커 아직까지 실행된 적은 없다. 특히 물가와 금리가 상승하는 시기에는 사실상 불가능하다. 금리 상승기에 중앙은행이 국채까지 매각한다면 국채금리뿐만 아니라 금융채, 회사채 등 국가보다 신용도가 낮은 여타 채권금리도 동반 급등해 자금 시장이 경색되고 경기가 빠르게 냉각될 수 있기 때문이다. 더군다나 물가상승이 가팔라서 상당 기간 금

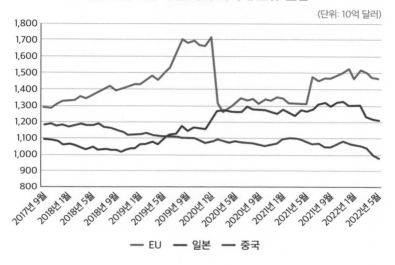

● 코로나19 이후 주요국의 미국채 보유 현황 ●

(단위: 10억 달러)

EU — 일본 — 중국

리 인상이 예상된다면 미국채를 상당량 보유하고 있는 EU, 일본, 중국 등 주요국들이 미국채 매각에 동참해 시장금리 상승을 더욱 부추길 수 있다. 미국의 기준금리가 상승하면 보유한 미국채 가격이 하락할 것은 불 보듯 뻔한 일이기 때문에 나중에 다시 매입하더라도 당장은 팔고 보는 것이다.

실제로 전 세계에서 미국채를 가장 많이 보유한 EU, 일본, 중국은 미국의 기준금리 상승이 예견된 2021년 4분기부터 미국채를 매각하기 시작했다. 금리 인상 기대감이 큰 상황에서는 인플레이션 강도가 강하더라도 연준이 국채를 매각할 수 없다. 그래서 코로나19 종식 이후 가파른 물가상승에도 시장금리 급등 우

연준 자산 매각 시 시장금리 파급 경로

중앙은행의 국채, MBS 등 채권 매도→채권 공급량 과잉, 채권 가격 하락(채권금리 상승)→회사채 등 국채보다 신용도 낮은 채권(MBS, 금융채, 회사채 등) 가격 동반 하락, 시장금리 동반 상승→가계, 기업 대출 수요 급감, 신용경색→경기 위축 가속

려에 연준은 자산 매각이 아닌 금리 인상으로 대응할 수밖에 없었다. 금리 인상은 신속하고 폭도 컸지만 이전 자산 매입으로 인한 유동성 확대 속도를 따라갈 수 없었고, 유동성 흡수는 상당히 더디게 진행되었다.

유동성 공급 신호를
읽는 방법

그렇다면 우리는 어떤 신호를 봐야 할까? 풀린 유동성이 실물자

산 가격으로 이어지기 전에 어떤 지표를 보고 움직여야 할까?

미국 중앙은행의
자산 매입 추이

···· 주식과 부동산 등 실물자산에 즉각적인 영향을 주는 요인은

역시 중앙은행의 자산 매입이다. 중앙은행의 자산 매입은 제로금리가 아닌 상황에서 시행되는 일반적인 통화정책(공개시장운영)으로도 일어나지만, 제로금리 이후에 실행되는 화폐 발행을 통한 자산 매입과 대차대조표를 확대시키는 양적완화에서 더욱 극적으로 효과를 발휘한다. 양적완화를 통한 파급력을 유추할 때는 중앙은행이 발표하는 자산 매입금액이 경제 규모(GDP) 대비 어느 정도인지, 그리고 얼마나 신속하게 공급되는지 파악하는 것이 매우 중요하다. 그리고 그 규모와 속도가 2008년과 2020년의 자산 매입과 비교해 어느 정도인지 가늠해야 한다(인플레이션과 더불어 GDP는 매년 증가하고 우상향하기 때문에 단순히 자산 매입금액만으로 효과를 가늠하는 것은 적합하지 않다).

예를 들어 2008년 글로벌 금융위기 때는 1차 양적완화(24개월간 GDP의 약 12%), 2차 양적완화(19개월간 GDP의 약 8.5%), 3차 양적완화(13개월간 GDP의 약 6.6%)를 통해 7여 년간 GDP의 26%에 해당하는 자산 매입이 이뤄졌다. 이후 2020년 코로나19 팬데믹 때는 약 1년 8개월간 GDP의 29%에 해당하는 자산 매입이 이뤄졌다. 코로나19 직후 훨씬 더 짧은 기간 동안 경제 규모 대비 막대한 유동성이 공급된 것이다. 경제는 빠르게 회복되었지만 과도한 유동성 공급에 따른 인플레이션을 피할 수 없었다. 만약 향후 양적완화가 다시 시행된다면 경제 충격 요인에 따라 다르겠지만 코로나19 시기보다는 신중하게 유동성을 공급할 것이라 가늠

FEDERAL RESERVE statistical release

H.4.1
Factors Affecting Reserve Balances of Depository Institutions and Condition Statement of Federal Reserve Banks

May 26, 2022

1. Factors Affecting Reserve Balances of Depository Institutions
Millions of dollars

Reserve Bank credit, related items, and reserve balances of depository institutions at Federal Reserve Banks	Averages of daily figures			Wednesday May 25, 2022
	Week ended May 25, 2022	Change from week ended		
		May 18, 2022	May 26, 2021	
Reserve Bank credit	8,900,779	− 18,615	+1,011,549	8,877,666
Securities held outright[1]	8,498,811	− 5,470	+1,141,135	8,479,210
U.S. Treasury securities ——①	5,768,904	+ 1,396	+ 686,799	5,769,417
Bills[2]	326,044	0	0	326,044
Notes and bonds, nominal[2]	4,975,463	0	+ 610,993	4,975,463
Notes and bonds, inflation-indexed[2]	380,862	0	+ 39,435	380,862
Inflation compensation[3]	86,535	+ 1,396	+ 36,371	87,048
Federal agency debt securities[2]	2,347	0	0	2,347
Mortgage-backed securities[4] ——②	2,727,560	− 6,866	+ 454,336	2,707,446
Unamortized premiums on securities held outright[5]	338,542	− 1,032	− 11,207	337,746
Unamortized discounts on securities held outright[5]	−24,481	507	− 11,054	−24,444
Repurchase agreements[6]	0	0	− 7	0
Foreign official	0	0	0	0
Others	0	0	− 7	0
Loans	21,304	− 227	− 62,689	21,119
Primary credit	971	+ 125	+ 345	913
Secondary credit	0	0	0	0
Seasonal credit	4	+ 1	+ 2	2
Primary Dealer Credit Facility	0	0	0	0
Paycheck Protection Program Liquidity Facility	20,329	− 353	− 63,036	20,204
Other credit extensions	0	0	0	
Net portfolio holdings of Commercial Paper Funding Facility II LLC[7]	0	0	− 8,554	0
Net portfolio holdings of Corporate Credit Facilities LLC[7]	0	0	− 25,976	0
Net portfolio holdings of MS Facilities LLC (Main Street Lending Program)[7]	26,911	− 1,646	− 3,641	26,665
Net portfolio holdings of Municipal Liquidity Facility LLC[7]	5,534	− 1,126	− 5,379	5,535
Net portfolio holdings of TALF II LLC[7]	2,287	− 179	− 2,635	2,288

▲ 연준의 대차대조표. 국채(①)와 MBS(②) 매입량 변화를 통해 시장 유동성 공급 현황을 파악할 수 있다.

해볼 수 있다.

그다음은 연준의 자산 매입이 실제 금융 시장에서 어느 정도로 진행되고 있는지 확인하는 것이다. 연준은 홈페이지를 통해 매주 국채와 MBS 잔고 변화를 고시하고 있는데 이를 통해 중앙은행이 발표한 자산 매입이 일정대로 잘 시행되고 있는지, 즉 유동성이 시장에 잘 공급되고 있는지를 직접 확인해볼 수 있다. 연준이 자산 매입 총액과 시행 기간을 발표했음에도 물가, 성장률 등 경제지표가 빠른 속도로 회복되거나 혹은 완화책에 대한 사회·정치적 마찰이 지속되면 자산 매입이 더디게 진행되거나 금액이 축소되고 조기에 종료될 수 있다. 그래서 실제로 대차대조표가 얼마만큼 확대되고 있는지 진행사항을 파악하는 것은 매우 중요하다.

연준 홈페이지(federalreserve.gov)에서 'Monetary Policy' 'Credit and Liquidity Programs and the Balance Sheet' 메뉴를 차례대로 누르면 주간 단위로 연준의 대차대조표(Fed's balance sheet)와 보유 자산 추이(Recent balance sheet trends)를 볼 수 있다. 대차대조표를 통한 금액의 변동이 가늠되지 않는다면 차트 기능을 이용해 기간별로 시장에 유입된 유동성을 한눈에 파악할 수 있다.

마이너스
실질금리 신호

⋮⋯ 실질금리는 투자 결정에 중요한 영향을 미치는 요인이다. 현금의 가치가 하락하는 마이너스 실질금리 상황에서 유동성이 확대된다면 우리는 적절한 투자 기회를 잡을 수 있다. 먼저 '실질'이라는 단어에 대해 정확한 이해가 필요하다. 경제기사를 보다 보면 명목GDP와 실질GDP, 명목임금과 실질임금, 명목금리와 실질금리라는 단어가 자주 등장한다. 명목과 실질, 단어의 뉘앙스에

서 어느 정도 뜻이 유추될 수 있지만 원활한 경제적 사고를 위해서는 이 둘의 차이를 정확히 이해할 필요가 있다.

실질=명목-물가상승분

명목(Nominal)은 우리가 일상에서 듣고 볼 수 있는 대부분의 일반적인 수치를 가리킨다. 뉴스에서 발표되는 1분기 GDP, 매월 들어오는 직장인의 월급, 은행 예금과 대출금리 등 실생활에서 쉽게 접할 수 있는 모든 수치가 명목이다. 반면 실질(Real)은 명목에서 물가상승분을 적용(차감)한 것을 말한다. 예를 들어 작년도 명목GDP가 100이고, 올해 경제가 2% 성장했는데 물가상승률이 5%라고 가정해보자. 실질GDP는 약 97($100 \times 1.02 / 1.05$)이다. 물가상승분을 감안하면 실제로는 3% 마이너스 경제 성장을 한 것으로 해석할 수 있다. 급여로 생각하면 이해가 더 쉽다. 작년과 올해 월급이 동일했는데 물가가 상승했다면 실제로 물건을 살 수 있는 양은 더 적어지므로, 명목월급은 그대로지만 실질월급은 줄어든 셈이다. 즉 명목GDP, 명목임금의 상승분은 최소한 물가상승분보다 높아야 실제로 증가했다고 해석할 수 있다.

경제지표를 해석할 때 이처럼 실질을 파악하는 것은 매우 중요하다. 만일 경제 성장이 미진하거나 정부가 물가를 잡지 못해 실질경제성장률이 마이너스인 상태가 지속된다면 어떻게 될까?

소비가 위축되고 생산이 줄어 경제가 침체될 것이라 예상해볼 수 있다. 다음은 〈서울경제〉 2022년 1월 24일 기사다.

코로나19 대유행에 따른 인력난으로 몇 년 동안 정체됐던 임금이 오르고 있지만 기록적인 인플레이션으로 소비 여력이 줄어 오히려 미국 노동자들의 지갑은 얇아지고 있다. 22일(현지 시간) 워싱턴포스트(WP)에 따르면 물가를 반영한 지난해 12월 미국의 임금상승률은 -2.4%로 나타났다. 명목임금 상승에도 실질임금은 오히려 줄어든 것이다. 지난해 12월 민간 부문의 시간당 임금은 전년 동월 대비 4.7% 올랐지만 물가가 7% 상승함에 따라 임금 인상분을 상쇄했다.

 '사상 최대'라는 단어가 가진 맹점

사상 최대 무역수지, 사상 최대 매출, 사상 최대 정부 부채 등 뉴스를 통해 자극적으로 흘러나오는 '사상 최대'라는 단어를 떠올려보자. 하지만 '실질'을 따져보면 사상 최대가 아닌 경우가 많다. 일반적으로 경제 성장과 물가 상승은 동반되기에 실질적인 성장이 없더라도 절대수치(명목수치)는 인플레이션만큼 높아진다. 예를 들어 물가상승률이 5%일 때 100원짜리 물건을 매년 100개씩 수출한다면 첫해 매출은 1만 원(100원×100개)이고, 그다음 해는 1만 500원(105원×100개)이다. 실질적인 성장(수량 증가) 없이 시간만 지나면 사상 최대 매출을 기록할 수 있는 것이다. 사상 최대란 말이 대단하게 느껴지지만 실제로는 그렇지 않을 수도 있기에 우리는 물가상승률을 반영해 해석해야 한다.

금리에서는 명목과 실질의 개념이 더욱 중요하다. 유동성을 파악할 때 우리는 한국은행의 기준금리나 시중은행의 예금과 대출금리, 즉 명목금리에 물가상승분을 반드시 적용해봐야 한다. 예를 들어 예금금리가 2%이고 물가상승률이 3%일 때 은행에 예금을 하면 어떻게 될까? 통장에 있는 돈 100이 102가 될 동안 물건 가격은 100에서 103이 되기 때문에 손해를 본다. 반대로 대출금리가 2%인데 물가상승률이 3%라면 대출을 일으켜 인플레이션이 반영되는 실물자산에 투자해 이익을 볼 수 있다.

실질금리=명목금리-(기대) 인플레이션

실질금리가 플러스인 상황에서는 물가상승분보다 많은 은행 이자를 주기 때문에 예금만으로 자산을 증식시킬 수 있지만, 실질금리가 마이너스인 상황에서는 시간이 지날수록 돈의 가치가 하락하니 올바른 투자처라 볼 수 없다. 따라서 실질금리가 마이너스인 시기에는 인플레이션 방어가 가능한 자산을 매입하는 것이 현명하다. 이 시기에 현금 보유자들은 인플레이션 헤지를 위해 주식, 부동산, 원자재, 귀금속 등에 투자하려 할 것이다.

미국의 경우를 보면 지난 50년간 실질금리는 우하향한 반면, 미국의 물가를 반영한 실질주택가격지수와 주식 가격은 우상향했음을 알 수 있다. 이들의 상관계수 또한 −0.4~−0.5에 근접한

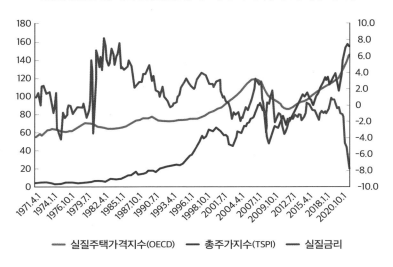

● 최근 50년 미국의 실질금리, 주택가격지수, 주가지수 추이 ●

— 실질주택가격지수(OECD)　　— 총주가지수(TSPI)　　— 실질금리

상황인데, 실질금리 하락 추세에 따라 인플레이션 방어 자산의
수요가 증가했기 때문이다.

 명목금리의 기준이 되는 금리는?

참고로 명목금리는 예금금리, 차입금리, 기준금리 중 어느 것을 기준으로
두고 써야 할까? 투자자 입장에서 의사결정을 내릴 때는 투자금이 보유 예
금이라면 예금금리를 명목금리로 적용하는 것이 맞고, 차입을 통해 투자금
을 마련했다면 대출금리를 적용하는 것이 맞다. 하지만 이 책에서는 지표의
통일성을 위해 예금금리와 대출금리의 기반이 되는 중앙은행의 기준금리를
명목금리로 사용하기로 한다.

실질금리가 낮은
두 가지 상황

⋮
⋯ 실질금리가 마이너스인 상황은 명목금리는 높은데 물가상승률은 이보다 더 높은 상황, 명목금리는 낮은데 물가상승률만 높은 상황 두 가지가 있다.

첫 번째 상황은 1970년대 고성장 시기다. 물가상승률과 금리가 높아도 기본적으로 경제 성장이 뒷받침되었기에 실물자산의 가격이 완만히 상승했던 시기다. 더불어 2000년대 초중반 또한 2~3%대 물가상승률과 금리, 그리고 3~4%대 경제 성장이 동반되었던 시기였다. 이 때문에 2008년 글로벌 금융위기 이전까지 주식과 부동산도 높은 상승 흐름을 보였다.

명목금리는 낮은데 물가상승률만 높은 두 번째 상황은 코로나19 이후의 경제와 일치한다. 경제 회복과 함께 물가상승 압력은 있으나 급증한 가계·기업부채로 인한 이자 부담과 경기 위축 우려로 중앙은행이 금리 정상화를 제때 하지 못하는 상황이다. 이 기간 역시 첫 번째 상황과 마찬가지로 주식과 부동산 가격은 상승한다. 과거와 달리 비용상승 인플레이션 국면이 장기화될 것이란 우려가 있지만 기준금리가 인상되더라도 물가상승률 이상으로 올리기는 어려워 마이너스 실질금리는 당분간 이어질 것으로 보인다. 다만 경제 성장과 임금 상승이 동반되지 않은 상황에

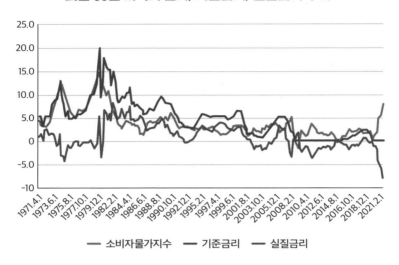

● 최근 50년 미국의 물가, 기준금리, 실질금리 추이 ●

— 소비자물가지수 — 기준금리 — 실질금리

서 과거 대비 명목금리와 물가 수준 모두 높다면 투자심리에 다소 부정적으로 작용할 수 있다.

그렇다면 실질금리만 보고 투자 여부를 결정할 수 있을까? 미국과 우리나라의 실질금리 추이와 주택 가격의 상관계수를 보면 −0.4~−0.5 정도로 유의미한 수치를 보이고 있다. 즉 실질금리가 하락하면 주택 가격이 상승하는 경향이 있다는 것이다. 하지만 실질금리만으로 실물자산의 가격을 설명하는 데는 한계가 있다. 실질금리는 투자 수요를 움직이지만 부동산은 수요와 공급 모두 가격에 큰 영향을 주는 실물자산이기 때문이다. 즉 실질금리가 하락하더라도 정부와 민간이 주택 공급을 늘리면 주택 가격

인플레이션 게임

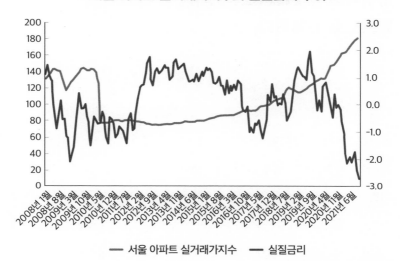

● 서울 아파트 실거래가지수와 실질금리 추이 ●

─── 서울 아파트 실거래가지수   ─── 실질금리

자료: KB부동산, 인포맥스

이 하락할 수 있다.

　어떤 지표든 마찬가지겠지만 어느 한 시점의 데이터는 큰 의미가 없으며 추세가 중요하다. 차트상으로 실질금리 하락 추세가 당분간 이어질 것이라 해석된다면 인플레이션 방어 자산인 주식과 부동산의 수요가 증가할 수 있다는 합리적인 의심을 해볼 만하다. 투자에 있어 단독으로 쓰이는 지표는 거의 없기에 당연히 실질금리만 보고 투자를 결정할 수는 없다. 여러 보조지표와 현 경제 상황, 정부와 중앙은행의 정책 방향 등 다양한 요인을 참고해 방향이 일치하는 것을 확인한 후 투자 결정을 내려야 한다.

마이너스 실질금리는
앞으로도 반복된다

··· 지난 20여 년간 글로벌 저성장 국면이 지속되자 주요국들은 디플레이션 방어를 위해 지속적으로 명목금리를 내려왔다. 특히 2008년부터는 경제가 침체 기미를 보일 때마다 금리 인하와 더불어 자산 매입을 병행했고, 물가를 반영한 실질금리 역시 상당 기간 마이너스 수준에서 머물렀다. 초저금리로 인해 실물자산 투자가 확대되자 우리나라의 가처분 소득 대비 가계부채는 2008년 138%에서 2021년 200%까지 치솟았고, GDP 대비 가계부채 비율도 주요 36개국 대비 가장 높은 수준으로 올라섰다. 이는 경제

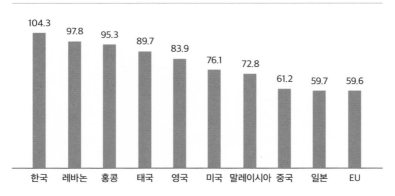

● GDP 대비 가계부채 비율(2022년 1분기 기준) ●

(단위: %)

자료: 국제금융협회

인플레이션 게임

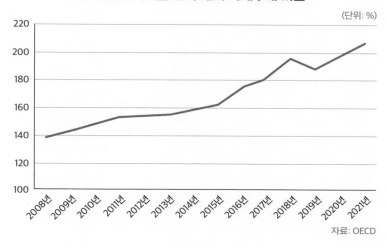

● 우리나라 가처분 소득 대비 가계부채 비율 ●

(단위: %)

자료: OECD

성장과 소득 증가 없이 빚만 늘은 것으로, 향후 금리 인상이 진행
된다면 경제에 상당한 충격으로 다가올 수 있다는 뜻이다(2022년
1분기 기준 우리나라의 가계부채는 1,859조 원이다. 한국은행이 기준금
리를 0.25%p 올리면 이자 부담은 연 3.2조 원 증가하고 가계당 연평균
16.1만 원의 이자 부담이 증가한다).

따라서 아무리 인플레이션이 발생하더라도 이를 잡기 위한
가파른 금리 인상은 쉽지 않다. 코로나19 이후 수요견인 인플레
이션과 비용상승 인플레이션 압력이 강하게 압박하고 있지만 한
국은행은 가계부채를 우려해 금리 인상 속도를 늦추고 있다. 상
당한 시간이 걸리겠지만 완만히 수요가 둔화되고, 중장기적으로
원자재 생산 증가 및 글로벌 공급망이 개선되어 비용상승 인플레

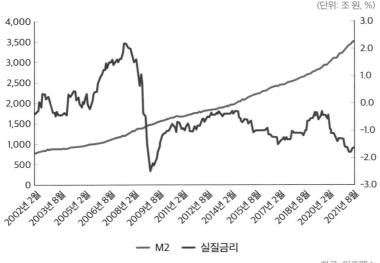

● 우리나라 시장 유동성 M2와 실질금리 추이 ●

(단위: 조 원, %)

— M2　— 실질금리

자료: 인포맥스

이션이 완화될 때까지 마이너스 실질금리 추세는 당분간 이어질 것이다.

　우리는 명목금리에 현혹되지 말고 실질금리 추이를 항상 주시해야 한다. 은행 금리가 높더라도 인플레이션이 명목금리를 상회한다면 화폐의 실질가치가 하락함을 인식해야 한다. 반대로 은행 차입을 한다면 시간이 갈수록 부채의 실질가치 또한 하락할 것이다. 그리고 양적완화가 존재하는 이상 디플레이션은 방어될 것이며, 마이너스 또는 제로에 가까운 실질금리는 우리에게 지속적인 자산 증식의 기회를 만들어줄 것이다.

- 코로나19 팬데믹발 극심한 소비 위축에도, 경제 침체 우려에도 정부와 중앙은행의 유동성 공급 신호만 있으면 투자심리는 되살아났다.
- 유동성을 나타내는 지표는 유동성이 높은 순서에 따라 M1, M2, Lf, L로 구분한다.
- 은행은 예금을 받아 대출을 일으키는 신용창조 과정을 통해 중앙은행이 발행한 화폐인 본원통화보다 훨씬 더 많은 통화를 시중에 유통한다. 대출은 개인과 기업의 신용을 바탕으로 이뤄지기 때문에 이렇게 창출된 유동성을 '신용화폐'라고도 한다.
- 일반적으로 통화승수와 통화유통속도가 낮은 국가일수록 투입된 유동성 대비 결괏값(경제성장률)이 상대적으로 낮다고 볼 수 있다.
- 전 세계 경제가 긴밀히 연결되어 있다 보니 경기 부양책인 중앙은행의 통화정책도 강한 연동성을 가진다.

- 자산 매입으로 인한 유동성 공급은 지속될 수 없으며 언젠가는 자산 매입 축소로 이어진다. 문제는 테이퍼링이 시장심리에 미치는 영향이다.

- 양적긴축(Quantitative Tightening)이란 중앙은행이 보유하고 있는 자산을 줄여 대차대조표를 축소하는 보다 적극적인 방식의 유동성 회수방법이다. 자산 매각을 통한 양적긴축은 금리 인상기에 채권 시장에 충격을 줄 수 있기 때문에 현실적으로 실행되기 어렵다.

- 양적완화가 존재하는 이상 디플레이션은 방어될 것이며, 마이너스 또는 제로에 가까운 실질금리는 우리에게 지속적인 자산 증식의 기회를 만들어줄 것이다.

4장

인플레이션 시대, 투자를 위한 준비와 조건

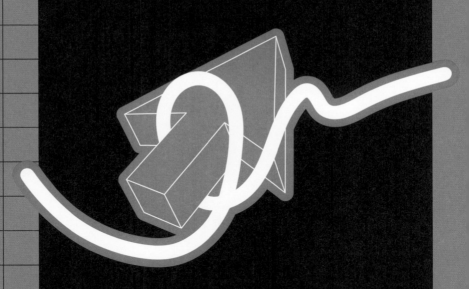

"끊임없이 도전하는 사람이
결국 게임의 승자가 된다."

_피터 린치

인플레이션
헤지 자산을 보유하라 ①

헤지(Hedge)라는 단어는 어떤 자산의 가격 변동 위험을 제거하기 위해 이와는 움직임이 반대되는 또 다른 거래를 하는 행위를 말한다. 인플레이션과 함께 쓰면, 일반적으로 물가상승이 오더라도 특정 자산의 가격이 이를 반영해 상승한다는 의미를 가진다. 즉 인플레이션 헤지 자산이란 내재가치의 변동이 없도록 최소한 물가상승분만큼 가격이 오르는 자산을 말한다.

유동성 공급 국면에서 인플레이션 헤지 자산을 매입하면 물가상승을 방어할 수 있다. 하지만 이러한 공식은 인플레이션이

'통제'되는 경제라는 전제조건이 붙는다. 코로나19 이후처럼 물가상승폭이 과도하거나 고물가가 장기화될 조짐이 보일 경우, 즉 물가상승이 통제할 수 없을 만큼 이어지는 시기에는 가파른 기준금리 인상과 함께 소비와 생산이 위축되고 경기가 침체 국면에 접어들어 자산 가격도 큰 폭으로 하락할 수 있다.

하지만 10년 이상 초장기적 관점에서 본다면 인플레이션 헤지 자산은 물가와 금리의 급변동에도, 경제 침체 국면을 극복하고 우상향했음을 알 수 있다. 만약 고금리의 원인이 수요견인+비용상승 인플레이션일지라도 금리가 인상되고 수요 감소로 이어지면 소비자물가는 중장기적으로 안정을 찾는다. 그리고 금리 상승 압력도 자연스레 둔화될 것이다.

일반적으로 인플레이션 헤지 자산으로 주식, 부동산, 금, 원자재 등 많은 상품이 거론되지만 필자는 개인적으로 공급이 한정된 유한자산인 부동산과 주식을 대표로 꼽는다.

미국 주식에
주목하라

∴ 기업은 은행 차입과 증권 발행(주식, 채권)을 통해 자본을 조달하고, 노동자를 고용하고 생산설비를 구입해 물건을 만들어 수

익을 창출한다. 조달된 자본 중 은행 차입과 채권은 회사가 갚아야 할 빚이기에 정해진 이자를 지급해야 하며 회사가 부도날 경우 남겨진 자산에 대한 우선 변제권을 가진다. 채권자는 단순히 돈을 빌려준 것이기 때문에 회사 경영에 참여할 권리가 없는 반면, 주식을 소유한 주주는 회사의 현재와 미래와 운명을 같이 하기 때문에 회사의 실질적 주인과 같다. 회사가 수익을 창출하면 발행된 주식의 지분 비율만큼 배당을 받는다. 회사가 수익을 많이 내면 그만큼 많이 배당받기도 하고, 적자를 보면 배당이 없을 수도 있다. 또한 수익을 많이 내도 사업을 확장하거나 재투자하기로 결정하면 배당을 받지 않을 수도 있다. 회사가 망할 경우 채무를 변제하고 남은 자산이 없으면 투자금을 돌려받지 못할 수도 있다. 주식이 휴지조각이 될 수 있는 것이다.

주주의 입장에서는 수익이 불확실해 투자 리스크가 큰 편이지만 회사 경영에 대한 참여권과 주식의 가치 상승으로 이를 보상받는다. 주주는 보유 지분만큼 경영에 참여할 수 있으며, 만약 회사가 경쟁력을 가지고 성장한다면 주식 가격도 동반 상승해 이익을 본다. 주식 가격에는 현재까지 회사가 누적한 유무형 자산과 미래 성장가치가 모두 반영되어 있다.

기업은 형태에 따라 차이가 있지만 일반적으로 회사의 유형 자산은 토지, 건물, 기계설비 등이며 인플레이션은 이들 실물자산의 가격을 동반 상승시킨다. 또한 제품과 서비스를 제조하는 회사의 경우 인플레이션으로 제품과 서비스의 가격이 상승해 매출액이 증가하기도 하는데, 이러한 회사의 총자산 및 매출액 증가는 주가 상승의 동력이 되기도 한다.

주식 중에는 중국을 포함한 고성장 개발도상국의 주식도 매력 있지만, 그보다는 미국 주식이 상대적으로 안전하고 장기간 투자하기 용이하다. 이는 기축통화국이 가진 절대적 이점 때문이다. 당연한 이야기지만 미 연준과 정부는 철저히 자국 중심의 정책을 펼친다. 자국 기업와 가계의 소비심리가 둔화되면 연준은 경기 부양을 위해 글로벌 교역 통화인 달러의 가치(유동성)를 조절해 조정하고, 미 정부는 만성 재정 적자 속에서도 기축통화국의 특권으로 국채를 발행해 정부 지출을 확대한다. 이 과정에서 풀린 유동성은 금융 시장으로 유입되어 주가를 끌어올린다. 그렇게 소비가 확대되고 경기가 회복기에 들어서면 미국 기업에 대한 실적 기대감이 고조되고, 주가는 또다시 상승 압력을 받게 된다.

설사 물가상승 압력으로 인해 유동성 축소 국면에 접어들더라도, 인플레이션에 따른 기업 유형자산의 환산가치 상승으로 주가의 하단을 방어한다. 또한 미국은 세계 최대 내수경제 국가이므로 외부 충격의 영향이 크지 않고, 국가 간 교역 시 필요하면 달러의 가치를 조절해 가격경쟁력 측면에서 자국에 유리한 환경을 만들 수 있다. 기축통화국의 이점을 최대한 활용하는 것이다. 그러한 수혜는 오롯이 미국 기업이 받는다. 그리고 미국의 주

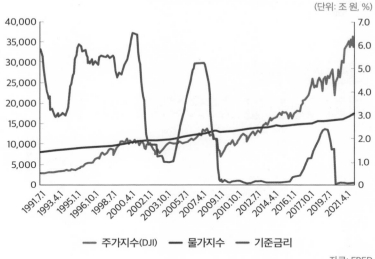

● 미국 주가, 물가, 기준금리 추이 ●

(단위: 조 원, %)

주가지수(DJI) — 물가지수 — 기준금리

자료: FRED

가지수는 다른 나라와 달리 지난 30년간 장기 우상향했다. 지난 30년간 미국의 소비자물가는 0~6% 사이에서 등락하며 완만하게 상승했고, 미국의 주가지수는 약 3천 포인트에서 3만 5천 포인트로 약 12배 상승했다. 한편 금리 인상기에도 주가는 상승했다. 2008년 글로벌 금융위기 당시에 약 50%, 코로나19 사태 당시에 약 40% 낙폭을 보였지만 양적완화 시행으로 빠르게 회복해 다시 상승 추세를 이어갔다.

인플레이션
헤지 자산을 보유하라 ②

미국 주가지수
ETF에 투자하라

성장 주도산업에 대한 식견이 깊고 선도 기업을 선별하는 능력이 탁월하다면 개별 주식에 투자해야겠지만, 그렇지 않다면 여러 산업과 기업에 분산투자할 수 있는 주가지수에 투자하는 것이 바람직하다. 미국 주식은 뉴욕증권거래소(NYSE)와 전미증권협회(NASDAQ) 두 곳의 거래소에서 거래되며 주가지수로는 다우지수,

구분	다우지수	나스닥지수	S&P500지수
구성	뉴욕증권거래소에 상장된 주식 중 가장 우량하고 안정된 주식 30개	나스닥에 상장된 주식 중 기술 기업 중심으로 구성. 종목 수는 약 3천 개	신용평가사 S&P가 뉴욕증권거래소와 나스닥에 상장된 기업 중 500개를 선별해 산출(공업 400개, 운수 20개, 공공 40개, 금융 40개)
특징	종목 수가 작아 시장 전체 흐름을 정확히 반영하지 못함	변동성이 큰 편	종목 수가 많아 시장 전체 흐름을 대체적으로 잘 반영함

나스닥, S&P500이 대표적이다. 이들 주가지수는 대내외 거시적 시장 변수에 거의 비슷하게 반응하는데, 자신의 위험(변동성) 선호도에 따라 적절한 지수와 종목을 선택하면 된다.

ETF(Exchange Trade Fund)는 글자 그대로 지수(인덱스)펀드를 거래소에 상장해 일반 주식처럼 사고팔 수 있는 상품이다. 만약 미국 나스닥지수를 추종해 투자하고 싶다면 나스닥지수를 구성하는 모든 개별 종목을 매입할 필요 없이 '나스닥 ETF'를 매입하면 된다. 한편 주가지수 ETF의 경우 다우지수, 나스닥지수, S&P500지수를 추종하는 상품뿐만 아니라 이를 통합한 모든 주식을 추종하는 상품도 있다. 더불어 가치주, 배당주, 스몰캡(소형주), 테마주(배터리 등)만을 추종하는 ETF 등 다양한 상품이 거래되고 있다.

주가지수 ETF는 해외에 상장되어 거래되는 상품과 우리나라 거래소에 상장되어 거래되는 상품이 있는데, 모두 국내 증권사를 통해 거래 가능하다. 거래수수료와 ETF를 운용하는 운용사의 운용보수, 그리고 과세방법이 다르므로 본인에게 적합한 상품을 선택해야 한다(2023년부터 과세표준 3억 원 이하의 매매차익은 해외, 국내 상장 구분 없이 22% 양도소득세가 과세된다. ETF 선택이 어렵다면 많은 사람이 선택한 시가총액 상위의 상품을 선택하면 된다).

ETF의
장단점

ETF 투자 시 주의할 점은 해외 주가지수를 달러 환산가치로 추종하다 보니 달러원 환율 변동 리스크에 노출된다는 점이다. 연간 환율 변동성이 약 200원 움직인다고 가정하면 매수·매도 시점에 따라 최대 15~20%의 환차손익이 발생할 수 있다. 이 때문에 달러원 환율이 초장기 평균 환율 기준으로 너무 높지 않을 때 매수하는 것이 환차손익 측면에서 유리하다(최근 10년 평균 환율은 약 1,135원 수준이다). 물론 환율 변동 위험을 제거하는 환헤지 ETF 상품도 있다. 다만 환헤지에 따른 비용(스왑포인트+거래수수료)이 발생할 수 있으므로 수익률에 미치는 영향을 면밀히 따져

● ETF 추적오차와 괴리율 ●

추종 지수
(다우지수 등) ←추적오차→ 순자산가치
(NAV) ←괴리율→ ETF 현재가

봐야 한다.

또한 추종 주가지수 ETF는 사람이 운용하는지라 해당 지수를 100% 완벽히 복제하지는 않는다. 추적오차(Tracking Error)에 대한 우려가 있는 것이다. ETF는 큰 흐름에서는 추종 주가지수의 움직임을 따라가기 때문에 기초 지수와 비슷한 추세를 보이지만 100% 동일하게 움직이지는 않는다. 해당 ETF가 추종 주가지수를 잘 쫓아가는지 확인하기 위해서는 NAV(순자산가치)와 추종 주가지수의 수익률 차이를 비교해봐야 한다. 오차 없이 정확하게 추적하는 ETF가 좋은 ETF지만 복제방법과 수준, 운용보수, 지수 내 종목의 배당금 등 여러 변수가 필연적으로 추적오차를 발생시킨다. 괴리율도 간과해서는 안 된다. 추적오차가 추종 주가지수와 NAV만큼의 차이라면, 괴리율은 NAV와 ETF의 현재 가격만큼의 차이를 말한다. 괴리율이 발생하는 이유는 ETF 가격도 수요에 의해 영향을 받기 때문이다. 예를 들어 특정 ETF가 유망하고 운용보수가 저렴하다는 소문이 퍼져 매수하려는 사람이 늘어나면 자연스레 가격이 높아져 NAV와 괴리가 생길 것이다.

하지만 ETF는 소액 투자가 가능하고, 개별 기업의 리스크를 회피할 수 있고, 투명성이 높고, 직관적이고 진입장벽이 낮아 개인이 쉽게 접근할 수 있다는 장점이 있다. 한국거래소에 상장된 ETF의 평균 총보수는 0.1~0.25% 수준으로, 1.5~2% 수준인 액티브펀드에 비해 저렴하다는 장점이 있다. 또한 주식형 ETF의 경우 의무적으로 최소 10종목 이상에 분산 투자해야 하기 때문에 개별 종목 투자에 비해 비교적 안정적이고 리스크가 적은 편이다. 정보력이 부족한 개인 투자자로 하여금 개별 주식을 고르는 데 수고를 들이지 않아도 된다는 장점도 있다. ETF는 분기별로 운용보고서를 제공하는 일반 펀드와 달리 매일 납부자산 구성내역을 통해 정보를 공개하기 때문에 투명하고 진입장벽도 낮은 편이다.

● 해외 상장 미 주가지수 ETF(2022년 6월 기준) ●

ETF 상품명	추종지수	운용사	자산 규모	운용 보수
SPDR S&P500	S&P500	SSGA	3,732억 달러	0.09%
iShares Core S&P500	S&P500	블랙록	3,074억 달러	0.03%
Vanguard S&P500	S&P500	뱅가드	2,652억 달러	0.03%
Invesco QQQ	나스닥	인베스코	1,681억 달러	0.02%
SPDR Dow Jones Industrial Average	다우	SSGA	286억 달러	0.16%
Vanguard Total Stock Market	전체 주식	뱅가드	2,658억 달러	0.03%

자료: 에프앤가이드

● 국내 상장 미 주가지수 ETF(2022년 7월 기준) ●

ETF 상품명	추종지수	운용사	자산 규모	운용 보수
TIGER 미국나스닥100	나스닥	미래에셋 자산운용	3.51조 원	0.07%
TIGER 미국S&P500	S&P500	미래에셋 자산운용	1.77조 원	0.07%
ACE 미국S&P500	S&P500	한국투자 신탁운용	5,300억 원	0.07%
TIGER 미국다우존스30	다우	미래에셋 자산운용	946억 원	0.02%

자료: 에프앤가이드

강력한 실물자산,
도심 부동산

몇 해 전부터 리셀(Resell) 시장이 하루가 다르게 성장하고 있다.
공급이 적어 남들이 쉽게 구하지 못하는 희소성 있는 제품에 부
가가치를 붙여 재판매하는 리셀. 이미 다품종 소량 생산의 시대
가 된 지 오래지만 생산 기술과 재고 관리의 효율화, 유통 채널의
다변화 등으로 제품은 더욱 세분화되어 특정 상품의 희귀성이 높
아지고 있다. 이와 함께 세계 인구의 18%를 차지하는 중국 노동
자들의 임금(구매력) 상승과 코로나19로 풀린 글로벌 유동성으로
인한 화폐가치의 하락은 공급이 제한된 물건에 대한 수요를 더욱

확대시켰다. 공급은 한정적인데 수요는 많다 보니 한정판 운동화, 샤넬백, 롤렉스시계 등 특정 명품은 소비 목적이 아닌 투자 수단이 되어 거래되기도 한다. 물건에 관심 없는 사람이라면 이상해 보일 수 있지만 자본주의 시장에서는 지극히 자연스러운 일이 아닐 수 없다.

사실 이와 같은 희소성 상품에 대한 리셀은 오늘내일 일이 아니다. 모두가 잘 알고 있는 부동산이 대표적인 리셀 자산이다. 산업혁명 이후 19세기 영국은 상가와 공장 부지에 대한 부동산 투자가 성행했고, 프랑스는 도심 공동주택에 대한 투자가 성행했다. 지금도 마찬가지다. 과밀화된 수도권에서 자본가들은 좋은 땅, 상가, 주택을 매입해 가격이 오르면 리셀로 수익을 얻는다.

도심 부동산이 유망한 이유

⋮

⋯ 실물자산 중 공급이 가장 어렵고 제한된 상품이 바로 부동산이다. 화폐가치의 하락, 인플레이션을 보다 적극적으로 반영한다. 특히 수요가 많은 수도권 아파트의 경우 장기적으로 인플레이션의 원동력인 시중 통화량과 매우 밀접하게 연동된다. 경제 성장과 기업 실적이 더딘 상황에서 갈 곳을 잃은 유동성은 주식이나

채권, 귀금속 등의 투자자산보다 좀 더 한정적이고 우리네 삶과 밀접하게 연결되어 있는 부동산으로 향한다. 정부와 중앙은행이 완만한 인플레이션을 유지하는 데 성공한다면 모든 물건과 함께 부동산도 당연히 가격이 오를 것이란 기대감이 있기 때문이다.

물론 부동산 가격은 인플레이션 외에도 다양한 요인에 따라 움직인다. 주거용 공동주택의 경우 신축과 재건축 등 공급 변수와 대출 규제와 정책 등의 수요 조절 변수, 그리고 글로벌 정치·경제적 대외 변수 등이 가격에 영향을 미친다. 만약 일정 기간 동안 신규 입주물량이 확대(공급)되거나 강력한 대출 규제(수요 억제)가 이어진다면 주택 가격은 하락할 수 있다. 어떠한 쇼크로 인해 경제가 장기간 침체되면 주택 시장도 얼어붙을 수 있는 것이다.

하지만 저성장 시기일지라도 정부와 중앙은행이 적정 인플레이션을 유지한다면 수도권 도심의 주택 가격은 장기간 상승할 가능성이 높다. 기본적으로 수요는 증가하는데 공급은 제한되어 있기 때문이다. 우리나라 인구는 2020년 정점을 찍고 감소하고 있지만 가구구성원 감소 및 핵가족화로 총 가구수는 지속적으로 증가하고 있다. 또한 지난 수십 년간 수도권 집중화가 확대되면서 도심은 횡에서 종으로 밀집도를 높이고 있는 상황이다. 이러한 현상은 앞으로도 계속될 것이기에 수도권 도심 주택 수요는 탄탄할 수밖에 없다.

반면 공급은 여전히 부족하다. 서울을 비롯한 수도권 도심의

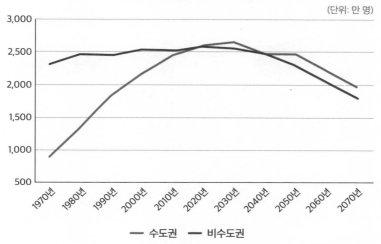

● 수도권, 비수도권 인구 추이 ●

(단위: 만 명)

— 수도권　— 비수도권

자료: 통계청

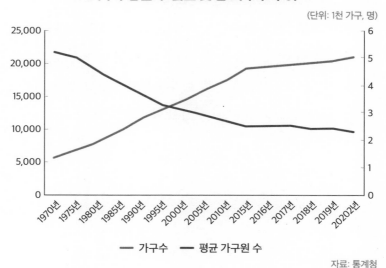

● 가구구성원 수 감소 및 총 가구수 추이 ●

(단위: 1천 가구, 명)

— 가구수　— 평균 가구원 수

자료: 통계청

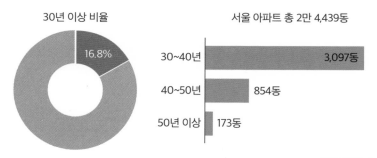

30년 이상 비율

16.8%

서울 아파트 총 2만 4,439동

30~40년   3,097동

40~50년   854동

50년 이상   173동

자료: 연합뉴스

주택 부지는 이미 대부분 개발된 상태다. 더불어 공동주택을 위한 유휴 부지가 부족한 상황에서 기존 주택은 계속 노후화되고 있다(2020년 기준 서울 아파트 중 30년 이상 노후화된 아파트는 16.8%에 달하고 있으며 매년 비율이 늘어나고 있다). 수도권 외곽 지역의 경우 간헐적으로 신규 주택이 공급되고는 있지만 교통 및 인프라가 충분하지 못한 상황이다. 또한 공급의 키를 쥐고 있는 도심 재개발·재건축 및 3기 신도시는 보상 협의 과정이 길고 험난해 단기간에 공급을 충분히 늘리기란 쉽지 않아 보인다.

가격 상승이 제한적인
원자재와 귀금속

인플레이션을 방어할 수 있는 자산이라고 하면 원자재를 떠올리지 않을 수 없다. 그럼 원유와 비철금속, 농산물 등 소비자물가지수를 구성하는 많은 상품을 하나의 바스켓에 담아 보유하면 어떨까? 원자재 가격 상승과 함께 장기적으로 우상향해 이익을 볼 수 있지 않을까? 하지만 실제 원자재 가격은 장기적으로 우상향하지 않는다. 부동산, 주식과 같이 한정된 자원이 아니기 때문이다. 원유의 경우 매장량은 한정되어 있지만 단기간에 고갈되지 않으며 생산기술 발달과 함께 셰일가스 등 원유를 대체할 에너지도 공급

▲ 글로벌 원자재 DBC ETF(붉은색), GSG ETF(파란색) 가격 추이

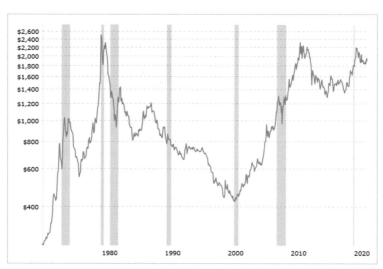

▲ 금 1온스(28.35g)당 가격 추이

　　　　　　　　　　　　　　　　　인플레이션 게임

되고 있다. 철, 비철, 귀금속, 농산물도 마찬가지다.

실제로 원유 등 에너지 50~60%, 농산물 22~23%, 산업용 금속 11~13%, 귀금속 4~10% 비중으로 구성된 글로벌 원자재 ETF(DBC, GSG)의 가격 추이를 보면, 2008년 글로벌 금융위기 이후 전 세계적인 저성장과 수요 감소로 인해 지속 하락한 것을 볼 수 있다. 금값 역시 마찬가지다. 2000년대 들어 실질가치 기준으로 금값은 약 5배 상승했지만, 초장기 차트와 비교하면 40년 전이나 지금이나 큰 차이는 없다.

원자재와 귀금속은 유동성 공급으로 총수요가 증가하고 가격 상승 압력이 더해지더라도, 공급이 비교적 탄력적으로 움직여주기 때문에 가격 상승 압력을 상쇄한다. 대체재가 많다는 점도 가격 상승을 방해하는 요인이다. 물론 코로나19 시기에는 항만 봉쇄 및 무역 중단, 러시아-우크라이나 전쟁 등으로 농산물과 원유 공급이 감소하면서 가격이 단기간 급등하는 모습을 보였다. 하지만 추후 생산설비가 확충되고, 악재가 끝나 교역이 재개되면 가격은 다시 하락해 안정을 찾을 것이다.

● 글로벌 주요 원자재 ETF ●

ETF 상품명	추종 자산	티커
Invesco DB Commodity Index Tracking Fund	원자재지수	DBC
iShares S&P GSCI Commodity-Indexed Trust		GSG
United States Copper Index Fund	구리(선물)	CPER
SPDR Gold Trust	금 실물	GLD
iShares Silver Trust	은 실물	SLV
ETFS Physical Palladium Shares	팔라듐 실물	PALL
iShares MSCI Global Metals & Mining Producers ETF	글로벌 금속 및 광산업	PICK

자료: 블룸버그

인플레이션 게임

레버리지의 시대,
저금리의 기회를 잡아라

경제에 대한
이해와 확신

··· 2019년 기준 우리나라 평균 기업부채 비율은 116% 정도다. 부채 비율은 자기자본 대비 타인자본의 비율을 나타낸 것으로 100%가 넘는다는 것은 회사 경영에 있어 자기 돈보다 빌린 돈이 더 많다는 뜻이다. 부채를 사용하면 이자 비용이 발생하지만 자기자본만을 사용했을 때보다 더 많은 재화와 서비스를 생산하고

판매할 수 있다. 만일 차입 이자보다 많이 벌 수 있는 기회와 능력이 있다면 기업에게 있어 부채는 성장을 도모할 수 있는 이로운 발판이 된다.

가계도 마찬가지다. 만약 이자 비용 대비 높은 수익을 낼 수 있다면 차입을 고려해볼 수 있다. 하지만 직장인의 경우 기업과 달리 이자 비용을 월급으로 충당해야 하기 때문에 부채에 대해 보수적일 수밖에 없다. 이자가 4%라고 가정하면 2억 원을 빌릴 경우 월 80만 원을, 4억 원을 빌릴 경우 월 160만 원을 이자로 지출해야 한다. 근로소득자의 입장에서 적지 않은 돈이다. 하지만 그럼에도 불구하고 때로는 과감히 부채를 사용할 수 있어야 한다 (부채 사용은 사실 처음이 어렵다. 그다음은 부채를 억제하는 일이 더 힘들어진다).

적절한 시기에 부채를 잘 활용하기 위해서는 정부 지출과 실물자산 가격 상승으로 소비심리를 떠받치고 있는 유동성 경제에 대한 이해와 확신이 필요하다. 중앙은행의 주요 정책 수단으로 자리매김한 양적완화로 인해 정부와 가계의 부채가 빠르게 증가하고 있지만, 앞으로도 정부와 중앙은행은 양적완화라는 무기를 계속 사용할 것으로 보인다. 과거 실물자산 시장이 붕괴되어 혹독한 대가를 치른 경험이 있기 때문이다.

2008년 글로벌 금융위기 이후 경제는 채무자 우위의 시장이 되었다. 유동성과 인플레이션은 돈의 가치를 떨어트려 앞으로 갚아야 할 부채의 실질가치를 하락시키는 반면, 보유한 실물자산의 가치는 상승시킬 것이다. 금리만 적절히 유지된다면 부채를 활용해 실물자산을 매입한 채무자의 입장에서는 최선의 시나리오인 것이다.

저금리는
돌아온다

⋯ 과거 경기순환사이클과 금리의 상관관계를 보면 양의 상관성을 보인다. 경기순환사이클을 '회복-확장-후퇴-침체' 4단계로 보면 확장 단계에서는 과열 방지를 위해 금리를 올리고, 침체 단계에서는 금리를 다시 내려 유동성을 공급한다. 또한 경기순환사이클과 실물자산(주식, 부동산) 역시 양의 상관관계를 보인다. 금리가 인하되고 유동성이 공급되어 경기가 회복, 확장 단계에 접어들면 어렵지 않게 자산 가격도 함께 오른다는 걸 예상할 수 있다. 자산 가격은 인플레이션을 등에 업고 상승할 경우 좀 더 크게 오르며, 하락할 때는 좀 더 낮게 하락한다. 지난 50년간 초장기 차트를 보면 경기순환사이클이 등락함에도 불구하고 주식과 부동산은 우상향했음을 알 수 있다.

하지만 자산 가격이 장기적으로 우상향한다고 해서 금리가

● 우리나라 지난 30년간 경제순환사이클과 주가지수 추이 ●

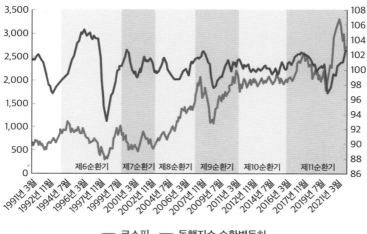

제6순환기 제7순환기 제8순환기 제9순환기 제10순환기 제11순환기

── 코스피 ── 동행지수 순환변동치

SOUTH KOREA HOUSE PRICE INDEX ······ SOUTH KOREA STOCK MARKET

▲ 우리나라 주가지수(검은색)와 주택매매지수(파란색) 추이

높을 때 무리해서 차입할 필요는 없다. 금리가 높다는 것은 경기 순환사이클상 경기 과열이거나 물가상승 국면일 가능성이 높기 때문이다. 과도한 차입 비용은 본인에게 부담일 뿐만 아니라 타인 모두에게 적용되어 그만큼 추가 상승 동력을 약화시킨다. 경기순환사이클상 정점을 지난 시기에 무리하게 차입을 일으킨다면 자산 가격 조정과 함께 인고의 세월을 감내해야 할 것이다. 경기와 금리의 순환주기를 냉정히 파악해 감내 가능한 적정 금리선에서 차입해야 한다.

한편 경기가 둔화될 조짐이 보이고 중앙은행으로부터 유동성 공급 신호가 포착되면 차입을 준비해야 한다. 기준금리가 제로 또는 이전 최저 금리 수준을 향해 내려가고 있다면 좋은 기회가 될 수 있다. 경제 침체 국면에서 빚으로 자산을 매수하기가 부담스러울 수 있으나 앞으로 진행될 중앙은행의 유동성 공급과 정부 지출 확대 이후까지 좀 더 길게 봐야 한다. 실물자산 투자는 봄에 씨를 뿌리고 가을에 수확하는 것이 아니라 겨울에 씨를 뿌리고 가장 뜨거운 여름에 수확하는 것이다.

우리나라 경제가 2000년대 이후 저성장 국면에 접어들면서 시장금리는 지속적으로 하락해왔다.

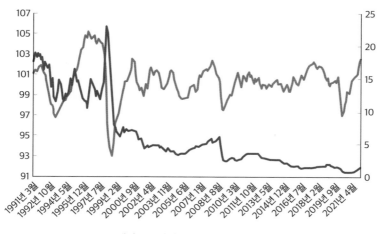

● 경기순환사이클과 CD금리 추이 ●

— 동행지수 순환변동치　— CD금리(91일물)

* 장기 데이터 확보를 위해 기준금리 대신 CD금리 적용
자료: 통계청, 인포맥스

장단기 금리 역전과
고정금리 차입

⋯ 금리는 경기순환사이클에 따라 장단기 고정금리의 수준이 다
르다. 예를 들어 6개월마다 금리가 변동되는 대출보다 5년 고정
금리 대출의 금리가 일반적으로 높다. 은행의 입장에서는 5년짜
리 대출보다 6개월 단위로 새로운 금리를 적용해 마치 6개월짜
리 신규 대출을 5년간 연장하는 것처럼 운용하는 편이 자금조달,

운용, 위험 관리 측면에서 보다 유리하다. 하지만 경기가 둔화되고 침체 우려가 커지면 장단기 금리가 같아지거나 역전될 수도 있다. 중앙은행이 장기 국채를 매입하거나 장기적으로 기준금리를 인하해 현 수준보다 금리가 더 낮아질 것이란 기대감이 있다면, 6개월 변동금리 대출보다 5년 고정금리 대출의 금리가 더 낮아질 수도 있다는 말이다. 이때 장기 고정금리로 대출을 받으면 더욱 유리한 조건으로 차입할 수 있다.

우리나라는 2008년 글로벌 금융위기와 2011~2013년 남유럽 재정위기, 2016년 미국 금리 인상에 따른 경기 둔화 우려, 그리고 2018년 말 미중 무역분쟁과 중국 경기 둔화 우려, 2020년

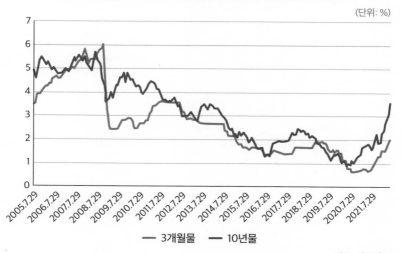

● 경기순환사이클과 우리나라 장단기 시장금리 추이 ●

(단위: %)

자료: 인포맥스

중반 코로나19 팬데믹 시기에 장단기 시장금리가 맞닿거나 역전된 적이 있다. 그리고 이 시기는 경기 침체 우려로 장기 유동성이 공급된 시기와 일치한다.

물론 경기가 둔화되거나 침체되었을 때 과감히 차입을 일으켜 투자하기란 쉽지 않다. 하지만 이어질 경기 부양책과 추후 경기순환사이클상 회복 단계에 접어들 것이란 확신이 있다면 긴 호흡을 가지고 실행에 옮겨야 한다. 물론 자금이 필요한 시기에 저리의 타이밍을 잡기란 쉽지 않다. 하지만 경제 상황과 연동된 장단기 시장금리 변동에 대한 감을 늘 유지한다면 필요할 때 더 적은 비용으로 자금을 조달할 수 있을 것이다.

모든 가격변동자산이
투자 대상이다

편견을 버려야
하는 이유

⋯ 주변에 몇몇 사람이 비트코인에 투자할 때까지만 해도 필자는 암호화폐가 투자자산으로 부적합하다고 생각했다. 엄청난 변동성도 그렇고 암호화폐가 가진 내재가치를 인정할 수 없었기 때문이다. 비트코인의 핵심인 위조 불가능한 블록체인 기술과 탈중앙화 개념에 대해서는 알겠는데, 국가가 보증하는 법정 신용화폐

도 아니고 요즘처럼 기술 발전이 빠른 시대에 해당 기술이 얼마나 영속 가능할지 의문이었다. 기술은 꾸준히 발전하고 보완되기 때문에 비트코인의 단점을 보완한 새로운 암호화폐가 출시되면 내재가치가 소멸할 수도 있다고 봤다. 그리하여 초등학생도 암호화폐에 투자를 한다는 뉴스가 나올 때까지 비트코인을 포트폴리오에서 배제했다.

이후 알다시피 비트코인의 가격은 1천만 원대 중반에서 8천만 원을 넘어섰고, 암호화폐 시장은 폭발적으로 성장해 수천 가지의 암호화폐가 생겼으며, 2021년 4월에는 일시적이지만 국내 주식 시장(코스피)의 거래대금을 추월하기도 했다. 지금은 전 세계에 내로라하는 자산운용사, 헤지펀드 역시 암호화폐에 투자하고 있으며, 비트코인을 기초자산으로 한 ETF와 선물옵션 등 여러 파생상품이 미국에 상장되어 활발히 거래되고 있다.

기존의 본 것과 경험한 것만이 옳다는 편견은 영화에서나 보던 실제와 가상의 통합, 메타버스와 인공지능(AI)이 현실과 공존하는 세상이 오고 있다는 것을 망각하게 한다. 우리가 현실을 부정하는 사이 가상현실의 대체불가토큰(NFT)이 수억 원에 거래되기도 하는 등 또 다른 디지털 자산 시장이 탄생하고 있다. 이제 변동성이 크든 작든 가격이 변하는 모든 자산에 마음을 열어야 할 시간이다. 타인과 사회에 해악을 주지 않는 자산이라면 앞으로 반복될 유동성의 파도 속에서 또 다른 수익의 기회가 될지 모른다.

투자를 위한
준비와 조건

⋮
⋯ 그렇다고 암호화폐를 옹호하는 것은 아니다. 어떤 자산이든 주변에서 다들 한다고 무턱대고 따라갔다간 끝물에 상투 잡고 실패할 확률이 높다. 최소한 그 상품에 대해 충분히 공부하고 90% 이상 이해가 되었을 때 거래해야 한다. 100만 원짜리 노트북을 살 때는 해상도, CPU, RAM을 비롯한 온갖 부품과 쓰지도 않는 기능을 샅샅이 찾아보고 비교하면서 암호화폐와 주식을 살 때는 정작 해당 암호화폐와 종목의 기업이 어떤 기술과 경쟁력이 있는지도 모르고 투자하는 경우가 많다.

또한 투자를 위해 의사결정을 할 때는 어떤 유무형의 자산이든 미래 가격이 논리적으로 예측 가능해야 한다는 전제가 필요하다. 근본적으로 자산 가격이 어떤 요인으로 움직이며, 이들 요인에 의해 향후 어떤 방향으로 흘러갈지 맞든 틀리든 어느 정도 전망이 가능해야 한다는 것이다. 주식은 회사의 유무형 자산과 산업 특징, 경쟁 구조, 해당 산업에서의 포지셔닝, 재무구조 등 다양한 측정 지표를 통해 적정 가격이 추정 가능하다. 부동산도 규격화되어 있지는 않지만 주변 인프라와 시장 공급, 잠재 수요자들의 소득과 대출 가능 환경 등 다양한 요인으로 가격 움직임을 이해할 수 있다. 반면 암호화폐는 매일의 변동 원인을 논리적으로 추정할 수 없을 때가 많다. 유명인의 말 한마디와 특정 세력의 장난에 따라 급등락하는 다수의 알트코인(비트코인을 제외한 암호화폐를 일컫는 용어)을 떠올려보라.

가격 변동의 원인을 알 수 없는 자산에 꼭 투자하고 싶다면 최소한 차트만이라도 분석 가능한 형태여야 한다. 거래된 지 몇 개월 되지 않았거나 변동성이 극심한 차트라면 배제하는 것이 좋다. 추세를 알아볼 수 없기 때문이다. 차트는 가격 변동의 원인이 되는 자산의 내재가치는 물론 대내외 경제 변수, 투자자의 심리 등 모든 재료가 녹아 있는 지표이므로 가능한 모든 투자에서 활용하는 것을 추천한다. 차트가 정답은 아니지만 언제 사고팔아야 할지 기준을 잡는 데는 큰 도움이 된다. 특히 현재 가격이 어디까지 오르고 내릴지 대략적으로 예상하는 데 결정적인 역할을 한다(차트 분석에 관한 기본적인 내용은 필자의 이전 책 『환율도 모르고 경제 공부할 뻔했다』에 수록되어 있다).

한편 비트코인과 이더리움을 비롯한 대표적인 암호화폐들은 코로나19 팬데믹 이후 빠르게 성장해 글로벌 투자 시장에서 영역을 확대해가고 있다. 코로나19 이전까지만 해도 비트코인과 다우지수의 상관계수는 +0.19로 매우 낮았으나, 코로나19 이후 대형 기관의 비트코인 거래 확대와 플랫폼, 제도 개선 등으로 2022년 초에는 +0.89로 매우 높은 상관성을 보였다. 변동성은 크지만 외부 지표에 의한 위험자산으로서의 특성을 동일하게 보

● 비트코인과 미국 주가지수 ●

(단위: 만 원, p)

— 비트코인 — 다우지수

자료: FRED

이고 있는 것이다.

암호화폐를 자산에 편입하는 가장 큰 이유는 장기적으로 블록체인 기술에 대한 믿음도 있지만, 이제는 특정 세력이 시세를 조종하기 힘들 만큼 시장 참가자가 증가했고 글로벌 금융기관의 포트폴리오에 포함되었기 때문이다. 다시 말해 경제지표 등 외부 변수와의 상관성이 높아졌기 때문이다. 주식과 비슷하게 위험자산으로서의 특성을 보이고 있어 경제 펀더멘털이나 정부와 중앙은행의 정책에 따라 가격을 어느 정도 예상할 수 있다. 또한 가격에 영향을 미치는 시장의 모든 재료(요인)와 시장 참가자들의 심리가 여타 전통적인 금융자산 및 실물자산처럼 가격에 반영되어 기술적 분석이 가능할 정도로 차트가 형성된 점도 투자 확대의 배경이다.

4장 핵심요약

- 인플레이션 헤지 자산이란 내재가치의 변동이 없도록 최소한 물가상승분만큼 가격이 오르는 자산을 말한다.
- 일반적으로 인플레이션 헤지 자산으로 주식, 부동산, 금, 원자재 등 많은 상품이 거론되지만 필자는 개인적으로 공급이 한정된 유한자산인 부동산과 주식을 대표로 꼽는다.
- 주식 중에는 중국을 포함한 고성장 개발도상국의 주식도 매력 있지만, 그보다는 미국 주식이 상대적으로 안전하고 장기간 투자하기 용이하다.
- 실물자산 중 공급이 가장 어렵고 제한된 상품이 바로 부동산이다. 화폐가치의 하락, 인플레이션을 보다 적극적으로 반영한다.
- 실제 원자재 가격은 장기적으로 우상향하지 않는다. 부동산, 주식과 같이 한정된 자원이 아니기 때문이다.
- 적절한 시기에 부채를 잘 활용하기 위해서는 정부 지출과 실물자산 가격 상승으로 소비심리를 떠받치고 있는 유동성 경제

에 대한 이해와 확신이 필요하다.

- 금리는 경기순환사이클에 따라 장단기 고정금리의 수준이 다르다.

- 투자를 위해 의사결정을 할 때는 어떤 유무형의 자산이든 미래 가격이 논리적으로 예측 가능해야 한다는 전제가 필요하다. 근본적으로 자산 가격이 어떤 요인으로 움직이며, 이들 요인에 의해 향후 어떤 방향으로 흘러갈지 맞든 틀리든 어느 정도 전망이 가능해야 한다는 것이다.

다음 파도를
기다리며

책을 탈고할 즈음, 미국에서 시작된 과도한 유동성 공급은 결국 40년 만의 최악의 글로벌 인플레이션을 야기시켰다. 미국을 비롯한 주요국은 물가를 잡기 위해 기준금리를 인상했지만 한 번 풀린 유동성을 거두기란 쉽지 않았다. 특히 양적완화에 동참했던 미국, 유럽, 일본은 부채의 딜레마에 빠져 있었다. 유동성을 회수해 물가를 잡기 위해서는 중앙은행이 매입한 채권을 다시 매각해야 하는데 채권 가격 하락, 국채금리와 시장금리의 연쇄 상승, 신용경색이라는 치명적인 부작용을 유발하기에 중앙은행은 쉽사리

자산을 축소할 수도 없었다. 결국 풀린 유동성은 소각되지 않은 채 금리정책으로 흡수되고 있다.

비정상적인 유동성, 즉 금리를 제로로 내린 이후 양적완화를 통해 강제로 주입한 유동성을 얼어붙게 하기 위해 중앙은행의 금리 인상폭은 클 수밖에 없었다. 잇따른 기준금리 빅스텝은 부채를 사용한 가계와 기업의 이자 부담으로 이어졌고 결국 실물자산 가격은 꺾이기 시작했다. 40년 만에 도래한 최악의 물가상승과 이를 막기 위한 급격한 금리 인상으로 인해 영원할 것 같았던 주식과 부동산 시장의 상승장이 꺾이기 시작한 것이다.

그렇다면 자산 가격은 어디까지 하락할 것인가? 코로나19 이전 수준, 양적완화가 시작되기 이전 수준으로 돌아갈 것인가? 아쉽게도 양적완화로 확대된 유동성, 즉 국채를 매입하기 위해 발행한 화폐가 근본적으로 소각되지 않는 이상 자산 가격의 하락은 제한적일 것이라 판단된다. 소비 위축과 경제 둔화, 침체로 이어질 정도로 금리가 인상되면 물가는 결국 제자리를 찾겠지만 침체 이후 회복, 확대의 경제순환사이클이 다시 시작되고 경기 부양을 위한 금리 인하가 재개되면 금융기관에 묶인 유동성은 다시 풀리게 될 것이다.

이 책의 목적은 어떤 특정 자산을 추천하거나 투자방법을 안내하는 것이 아니다. 그보다는 불과 10여 년 전 양적완화라는 통화정책이 시행되고 난 후 실물자산의 보유 유무에 따라 부의 양분화가 가속화된 배경을 이해하고, 앞으로도 반복될 자산 가격 상승에 대비하기 위함이다. 중앙은행의 양적완화는 정책 이후의 파급력을 이해하는 사람, 특히 자산가에게 손쉽게 돈을 벌 수 있는 기회를 줬지만 쉴 틈 없이 일하는 평범한 노동자에게는 오를 수 있는 사다리마저 빼앗아가버렸다. 양극화는 갈수록 심화되고 있고, 그때마다 정치인은 복지와 평등을 외치며 선심성 공약을 내놓겠지만 선거가 끝난 뒤에는 언제 그랬냐는 듯이 자산가들을 위한 정책이 나온다. 그렇게 자산가들을 위한 역사는 반복된다.

세상은 이미 20년 전부터 저성장의 늪에 빠졌다. 빅데이터와 인공지능, 바이오, 최신 로봇기술 등 4차 산업혁명이 눈앞에 펼쳐지고 있지만 모든 인류를 먹여 살리기엔 새로운 성장 동력의 아웃풋은 턱없이 부족해 보인다. 그리고 위기를 극복할 별다른 대안이 보이지 않자 경제학자와 정치인은 결국 돈의 가치를 떨어뜨리는 선택을 했다. 유동성을 풀어 돈의 가치를 떨어뜨리고 자산 가격을 끌어올려서 소비를 부추기는 방법, 이러한 전략이 실패하지 않으려면 자산은 끊임없이 올라야 한다.

양적완화가 세상에 나온 2008년. 빚으로 떠받치는 경제는 금방이라도 무너질 듯 위태로워 보이지만 모두의 침묵 속에 계속해서 나아가고 있다. 과거 '회복-과열-둔화-침체'를 오갔던 경제순환사이클은 이제 침체 없이 과열과 둔화의 반복으로 연장되고 있다. 물론 산이 높으면 골도 깊다. 언젠가 버블이 무너지며 침체의

깊은 골에 빠질 수도 있을 것이다. 분명한 것은 현재의 경제 시스템에서는 산도 골도 이전보다 높고 깊다는 것이다.

지금이라도 산과 골이 어느 정도의 속도로 높아지고 깊어지는지 체감할 수 있어야 한다. 그리고 우리가 가진 현금이 유동성이 증가하는 속도만큼 가치를 잃으면 때로는 용기를 내어 전략을 바꿀 수 있어야 한다. 유동성 경제에 대한 이해가 있다면 또 다시 기회는 올 것이다.

돈으로 쌓아올린 자본주의 경제에서 돈의 가치는 돈의 수량으로 정해지고, 경제의 컨트롤타워는 돈의 수량을 조절할 권한을 가지고 있다. 그들이 경제가 침체 국면에 빠지기 전에 돈의 수량을 조절하는 그 시점이 바로 다음 파도가 오는 시점이다. 이 책이 훗날 확신을 가지지 못해 실행에 옮기지 못한 분들에게 조금이라도 도움이 되었으면 한다.

영문

- **ESG:** 기업의 사회·환경적 활동까지 고려해 기업의 성과를 측정하는 기업성과지표를 뜻한다.
- **ETF:** ETF(Exchange Traded Fund)는 말 그대로 인덱스펀드를 거래소에 상장시켜 주식처럼 편리하게 거래할 수 있도록 만든 상품이다.
- **G20:** G7(선진 7개국 정상회담)과 유럽연합(EU) 의장국, 12개 신흥국을 포함한 세계 주요 20개국을 회원으로 하는 국제기구를 뜻한다.
- **G7:** 선진 7개국 모임으로 미국·프랑스·영국·독일·일본·이탈리아·캐나다 7개 국가를 지칭한다.
- **GDP:** 노벨경제학상 수상자인 사이먼 쿠즈네츠가 뉴딜 정책을 평가해달라는 정부의 요청을 받고 1934년에 개발한 지표다. 일정 기간 동안 한 나라 안에서 생산된 최종 생산물의 시장가치의 합계다.
- **L(광의 유동성):** Lf(금융기관 유동성)에 정부와 기업 등이 발행한 유동성 금융상품을 더한 개념이다.

- **Lf(금융기관 유동성):** M2(광의통화)에 2년 이상 정기 예적금, 금융채, 보험 계약 준비금, 증권금융 예수금 등을 더한 개념이다.
- **M1(협의통화):** 현금통화와 예금통화를 합해 일컫는 말. 화폐 중에서 유통되고 있는 화폐라고 말할 수 있다.
- **M2(광의통화):** M1(협의통화)에 만기 2년 이내 정기 예적금, CMA, 양도성예금증서(CD) 등을 더한 개념이다.

ㄱ

- **경기순환사이클:** 자본주의 경제체제에서는 경제 활동과 그에 따른 결과로 경기가 부침(浮沈)을 겪는다. 이를 경기 변동이라 하며, 경기 변동의 흐름을 경기순환사이클이라 한다. 경기 변동 흐름은 크게 '회복-확장-후퇴-침체' 4단계로 구분된다.
- **괴리율:** 괴리율은 NAV와 ETF의 현재 가격만큼의 차이를 말한다.

괴리율이 발생하는 이유는 ETF 가격도 수요에 의해 영향을 받기 때문이다.

- **국민대차대조표:** 매년 말 기준으로 각 경제 주체 및 국내에서 보유한 유·무형 비금융자산과 금융자산, 금융 부채의 가액 및 증감을 기록한 통계다. 통계청에서 집계·제공 하고 있다.
- **기축통화:** 국제 간 결제나 금융 거래의 기본이 되는 통화를 뜻한다.

ㄴ

- **내수경제:** 국내 또는 한 지역 내에서 이뤄지는 생산·분배·소비 활동을 뜻한다.

ㄷ

- **디플레이션**: 경제 전반적으로 상품과 서비스의 가격이 하락하는 현상을 디플레이션이라고 한다. 참고로 경제 한 부문에서 가격이 일시적으로 하락하는 현상은 디플레이션이 아니다.

ㄹ

- **레버리지**: 자산 투자로부터의 수익을 증대시키기 위해 차입 자본 (부채)을 끌어다가 자산 매입에 나서는 투자 전략을 총칭한다.

ㅁ

- **명목**: 명목(Nominal)은 우리가 일상에서 듣고 볼 수 있는 대부분의

일반적인 수치를 가리킨다.

- **명목금리**: 실효금리와 대조되는 개념으로 금융상품의 액면금액에 대한 이자율을 일컫는다. 즉 유가증권 표면에 표시된 액면금리를 뜻한다.

- **무역의존도**: 한 나라의 경제에 무역이 차지하는 정도를 나타내는 지표다.

- **물가**: 물가(物價)는 물건의 가격이라는 뜻이지만 경제적 측면에서는 사회 전반적으로 유통되는 여러 가지 상품이나 서비스의 가치를 종합적이고 평균적으로 산출한 개념을 뜻한다.

ㅂ

- **버블**: 내재가치에 비해 시장 가격이 과대평가되었을 때 버블(거품) 혹은 과열(過熱)이란 용어를 쓴다.

- **본원통화:** 중앙은행인 한국은행이 화폐 발행의 독점적 권한을 통해 공급한 통화를 말한다. 화폐 발행액과 예금은행이 중앙은행에 예치한 지급준비금의 합계로 측정한다.
- **빅4:** 글로벌 경제의 2/3를 차지하고 있는 미국, EU(유럽연합), 중국, 일본 4개국을 뜻한다.

ㅅ

- **생산자물가:** 기업의 생산원가를 지표화한 것이다. 하나의 제품은 생산과 유통 과정에서 여러 단계를 거쳐 최종 소비자에게 전달되는데, 최초 생산자가 원자재를 투입해 만드는 1차 단계에서 생산되는 모든 재화 및 서비스의 평균 가격을 생산자물가지수라고 한다.
- **소비자물가:** 가계에서 최종 소비하는 상품과 서비스의 가격을 지표화한 것이다. 식료품, 외식비, 가정용품, 수도, 전기, 연료, 교통비,

교육, 오락·문화 등 의식주에 필요한 대부분의 비용을 포함한다.

- **스태그플레이션:** 스태그플레이션(Stagflation)이란 경기 침체를 뜻하는 스태그네이션(Stagnation)과 인플레이션(Inflation)의 합성어로, 경기 침체 상황에서 물가가 오르는 현상을 말한다.

- **신용경색:** 금융기관에서 돈이 제대로 공급되지 않아 기업들이 어려움을 겪는 현상을 뜻한다. 신용경색 발생 시 기업들은 자금 부족으로 경영에 어려움을 겪게 되고, 수출입 활동에도 큰 제약을 받게 된다.

- **신용창출:** 신용창조라고도 불린다. 은행의 예금과 대출로 인해 시중 통화량이 늘어나는 현상을 의미한다.

- **신용화폐:** 대출은 개인과 기업의 신용을 바탕으로 이뤄지기 때문에 이렇게 창출된 유동성을 신용화폐라고 한다.

- **실질:** 실질(Real)은 명목에서 물가상승분을 적용(차감)한 것을 말한다.

- **실질금리:** 물가상승을 감안한 이자율을 뜻한다. 실질금리는 명목금리에서 (기대) 인플레이션을 차감한 값이다.

- **양적긴축:** 양적긴축(Quantitative Tightening)이란 중앙은행이 보유하고 있는 자산을 줄여 대차대조표를 축소하는 것을 말한다. 양적완화와 반대되는 말로, 시중에 풀리는 돈의 유입을 줄인다는 개념이다.
- **양적완화:** 중앙은행이 신용경색을 해소하고 경기를 부양하기 위해 직접 시중에 통화를 공급해 경기를 부양하는 통화정책이다.
- **연준:** 미국 연방준비제도(FED; Federal Reserve System)의 준말. 연준의 주요 기능으로는 달러 발행, 통화정책 관장, 은행 및 금융기관 감독과 규제, 금융 체계 안정성 유지 등이 있다.
- **유동성:** 자산을 현금으로 전환할 수 있는 정도를 뜻하는 경제학 용어. 이 책에서는 한 국가 내 또는 국가 간 금융 시장에서 유통될 수 있는 모든 현금성 자산을 지칭한다.
- **인플레이션:** 화폐가치 하락으로 인해 물가가 전반적으로, 지속적으로 상승하는 현상을 말한다.

ㅈ

- **재정정책:** 정부가 국가 경제를 이끌기 위해 재정수지를 변동시키는 정책을 말한다.
- **제로금리:** 콜시장에 대량의 유동성을 공급해 콜금리를 제로(0)에 가깝게 유도하는 금융정책이다.
- **주택담보증권:** MBS(Mortgage Backed Securities)는 자산담보부증권(ABS)의 일종으로 주택, 토지를 담보물로 발행되는 채권을 말한다.

ㅊ

- **초과지급준비금:** 전체 예금액 대비 지급준비금의 비율을 지급준비율(지준율)이라 하며, 대한민국의 법정 지준율은 7%다. 시중은행은 보통 법정 지급준지금보다 많은 금액을 보유하고 있으며, 이를 초

과지급준비금이라 한다.

- **추경:** 추가경정예산이란 예산이 성립한 후에 생긴 부득이한 사유로 인해 이미 성립된 예산을 변경할 필요가 있을 때 편성하는 예산을 의미한다.
- **추적오차:** 추적오차(Tracking Error)란 추종하는 기초지수의 움직임과 ETF의 순자산가치(NAV) 간 차이를 뜻한다. 복제방법과 수준, 운용보수, 지수 내 종목의 배당금 등 여러 변수가 필연적으로 추적오차를 발생시킨다.

ㅌ

- **테이퍼링:** 유동성 공급으로 경기가 살아난 다음, 과열될 조짐을 보이면 유동성 공급량을 점진적으로 줄여 버블을 방지해야 한다. 이를 자산 매입 축소, 테이퍼링이라고 한다.

- **통화승수:** 한국은행이 발행한 지폐, 즉 본원통화가 시중은행의 대출(신용창출)을 통해 몇 배의 통화로 만들어졌는가를 나타내는 지표다. 통화승수가 높다면 본원통화 대비 시중에 유통되는 화폐의 양이 그만큼 많다는 것을 의미한다.
- **통화유통속도:** 공급된 유동성 대비 경제 성장 정도를 측정하는 지표로, 명목GDP를 시중 유동성(M2)으로 나눠 산출한다. 통화유통속도가 높다는 것은 적은 유동성으로도 높은 경제 성장이 가능하다는 뜻이며 활력을 가진 경제라고 평가할 수 있다.
- **통화정책:** 국가 경제가 건전하게 발전하도록 중앙은행이 행하는 금융 조정을 뜻한다.

ㅍ

- **파레토의 법칙:** 80:20 법칙이라고도 한다. 전체 결과의 80%가 전

체 원인의 20%에서 일어나는 현상을 가리킨다. 부의 쏠림과 불평등도에 대해 설명하는 법칙이다.

ㅎ

• **헤지:** 헤지(Hedge)라는 단어는 어떤 자산의 가격 변동 위험을 제거하기 위해 이와는 움직임이 반대되는 또 다른 거래를 하는 행위를 말한다.

인플레이션 게임

초판 1쇄 발행 2022년 12월 5일

지은이 | 이낙원
펴낸곳 | 원앤원북스
펴낸이 | 오운영
경영총괄 | 박종명
편집 | 이광민 최윤정 김형욱 양희준
디자인 | 윤지예 이영재
마케팅 | 문준영 이지은 박미애
등록번호 | 제2018-000146호(2018년 1월 23일)
주소 | 04091 서울시 마포구 토정로 222 한국출판콘텐츠센터 319호(신수동)
전화 | (02)719-7735   팩스 | (02)719-7736
이메일 | onobooks2018@naver.com   블로그 | blog.naver.com/onobooks2018

값 | 17,500원
ISBN 979-11-7043-366-8 03320